紅葉の想い

言葉と習慣から見た日本と中国

著＝趙　静
絵＝さくら吹雪

柳原出版

まえがき

一九九七年七月、かもがわ出版さんから、『くちまんちっく日本』という書名のエッセイ集を出してから、もう五年が経ちました。「くちまんちっく」は、「ロマンチック」の「ロ」を漢字の「口」と間違って発音した失敗から、作り出した言葉です。変わった題名が人の注意を引くのではないかという考えで、書名にしましたが、誤算でした。やはり、人の注意を引くのは「外見」ではなく、「中身」だと、よくわかりました。

『くちまんちっく日本』は、来日当初言葉や習慣の違いから引き起こした失敗や、疑問の数々を話し、笑いながら、日本と中国の文化や習慣の違いも、読み取っていただけたらという願いを込めていました。出版した当時、大勢の方々から暖かいご指導をいただき、大変励みになり、感謝の気持ちで一杯でした。

はじめての出版ということで、喜びの気持ちがたくさんありました。しかし、時間が経つにつれて、喜びの気持ちが不満の気持ちに変わりました。

『くちまんちっく日本』は、あくまでも自分の経験の実録にすぎないと気が付いたからです。つまり、「感じたこと」しか書いていないのです。「感じたこと」に自分の考えを加えなかったことを、物足りなく思っています。ですから、今回は「感じたこと」から「考えたこと」へというのが、最大の目標（課題）となっています。

日本語に出会い、もう十年近くになりました。日本人に中国語を教えるのも、数えてみたら、八年になりました。勉強と教えの「両立」をしているうちに、日本語と中国語の表現の違いに興味を持つようになりました。例えば、なぜ新年の挨拶用語として、日本人はよく「昨年お世話になりました」と「今年もどうぞよろしくお願いします」を使うのでしょうか？　なぜ、日本人は肯定的な価値を持つ「いいです」を用いて、断りの意を表すのでしょうか…日本語の表現の特徴や中国語の表現との違いから、両国の文化や風習の違いを窺うことができるのではないかと、気が付きました。また、逆に、文化や風習の違いによって言葉づかいも違うはずです。

本書は、言葉と習慣の関連に注意を払い、表現の違いから見る日本人と中国人、そして、文化や風習の違いから見る日本語と中国語に対する理解が目的です。

世の中完璧なものはありません。私が求めているのは、今回は前回よりも進歩を示すことです。一歩進めなくとも、半歩でかまわず、半歩進めなくとも、ちょっとでよいのです。中国語では、〝不怕慢、只怕站〟〔bú pà màn, zhǐ pà zhàn〕という表現があります。「遅いのはかまわないが、立ち止るのは禁物だ」という意味です。気が長くて、向上心のある中国人の性格を読み取れるのではないかと思います。私は、この言葉を自分の座右の銘として、立ち止らずにゆっくりと少しずつ頑張っていきたいと思っています。

「ものを書くことは恥をかくことです」と教わったことがあります。本当にその通りです。しかし、このような恥をかくことを恐れると、まともな成長がないと思っています。ですから、まだまだ学問の入り口の外にしか立っていないのですが、敢えて書くことにより、皆様に読んでもらって、恥をかくつもりです。色々のご指導やご指摘をいただきながら、成長していきたいというのが最大の願いです。

なお、本書における「中国」と「日本」、そして「中国語」と「日本語」について規定しておきたいと思います。

①言葉や習慣は時代の変化によって変わるものです。ですから、本書の「中国」は、特別な限定がない限り、現代中国（だいたい一九四九年から現在）を指し、本書の「日本」は、現代日本、主に作者が一九九二年に来日後体験した日本を指します。

②言葉や習慣は地方によって違ってくるのです。本書の「中国」は主に作者の生活圏の長江流域と考えて下さい（その他の地域でも同じ様子が見られますが、全中国とは言えないのです）。また、「日本」も、作者の主な生活圏の関西地区に限ります。

③中国は多民族の国家です。少数民族は五十六ありますが、漢民族の文化とかなり異な

り、それぞれ独特な文化を持っています。本書は漢民族の中国に限ります。

④本書の「中国語」と「日本語」の概念は、特別な説明がない限り、いずれ現代標準語の「中国語」と「日本語」を指します。

紅葉の想い——言葉と習慣から見た日本と中国　目次

〔習慣篇〕

言葉篇

ぐらい

「今日は、何時に帰る?」→「八時ぐらい」
「レジュメは何部用意したらいい?」→「三十部ぐらい」
「今度の旅行はいくらかかりそう?」→「五万円ぐらい」
「豚ミンチ二〇〇(g)くらい下さい」

以上のように、日本語では時間や分量、程度を正確に表しにくい時、「ぐらい・くらい」を使って、大体の程度や分量の基準・範囲を示すことができます。

しかし、この間スーパーの中華物菜売り場で、「豚饅五つぐらい」と注文するお客さんがいました。「え? 五つぐらい? 一体何個なの? 五つか? それとも四つか? 六つか? 豚饅はちゃんと一つ一つで数えられるのに」と不思議に思いながら、販売員の対応に注意を払いました。彼女はニコニコした顔で、「かしこまりました」と言いながら、五つの豚饅を箱の中に並べました。

「えー? なぜ四つでもなければ、六つでもないの? 五つぐらいと言ったのに」と、ますます不思議に思いました。

また、他の日、最終バスに乗って帰ってきた主人は、「今日のバスは貸切だった。僕一人ぐらいしかいなかった」と言いました。

また、その疑問の「ぐらい」です！「一人だけだったのでしょう？何で「一人ぐらい」と言うの？」と質問をしました。

「え!?「ぐらい」？さあ、よく分からない、日本人はこういうふうに言うもん。日本人の言語習慣かなあ」と、説明してくれました。

あまりすっきりしない答えでしたが、取りあえずこれぐらいにしておこうと思いました。

さらに、ある日友達の家で何人かで食事会をしていました。手作りの散らし寿司が美味しくて、一人は台所におかわりを盛りに行きました。「まだある？」とテーブルの方に座っているもう一人が尋ねました。

「あるようですが」と、台所にいる彼女が答えました。

「あるようです」？寿司を盛っている彼女は、寿司があるかないかはっきり分かっているはずなのに、なぜ「ようです」のような不定表現を使うの？本当に訳がわからない日本語でした。

その後、日本語の大整理をしてみました。似たような表現がぞろぞろ出てきました。列に立っている人に「並んでいますか」と聞きますと、「みたいです」と答えます。

ごめんなさい たぶん

学生に「質問がありますか」と聞くと、「たぶんない」と返事をします。

行くか行かないか迷った人に意見を求められた時、「行った方が…」（意見を表す肝心な形容詞は省略される時がほとんどです）というふうに勧めます。

……

以上のように、「〜みたい」、「たぶん〜」、「〜した方が…」、「らしい」、「〜けれども」、「〜が」、「であろう・でしょう」、「と言えよう」などがあります。これらの表現を使うことによって、はっきりと断定的な表現でなくなり、まるで言葉に一つのクッションを入れたようです。断定する言葉を好まず、できる限り断定した表現を避けようとする日本人像が浮かんできます。

そこで、なぜこのように断定した表現を極力避けようとするのかを、日本人に尋ねることにしました。二つほど教えてくれました。

①言葉を和らげるため。断定的な表現は、日本人にはきつく聞こえ、時々「独断的」に

聞こえてしまうようです。

②責任を避けるため。この点について、金田一春彦氏は『日本人の言語表現』（講談社現代新書、一九九七年五月、一六六頁）の中で、次のように語っています。

日本人の話し方は、最初なにを言い出すかはっきりさせない傾向がある。と同時に、実は終わりの方も、はっきりさせないことを喜ぶ。これは日本人は、…なるべく言わない、書かないのをよしとする、そのことから、つまり、言葉じりをにごらせば断定しないことになり、極端に言えば、発言しなかったのと同じ効果になるからである。うまくいけば、言葉を続けた相手に責任をかぶせることもできる。

日本人がそれほどまでに責任を取ることを恐れることに驚き、ちょっとずる賢いのではないかとも思います。そして、一つの疑問が出てきます。つまり、金田一氏の解釈のように、責任を取りたくないため、言い逃れをしたり、時には責任を他人に押し付ける結果になったりする、はっきりしない言語表現を誕生させたとしますと、なぜ日本人は簡単に謝るのでしょうか？「すみません」、「ごめんなさい」、「私に責任がある」などのような表現を、どういうふうに理解したら、より真実に近いのでしょうか？

すみません

責任を取ることを恐れている日本人は、なぜ「すみません」と簡単に謝ってしまうのでしょうか？ 矛盾に思えますが、矛盾ではありません。

実は、日本人の謝りは、自分の「誤り」を認め責任を取ろうとしている場合は少なくて、あくまでも軽い挨拶ぐらいのものに過ぎないようです。特に日本語の「すみません」という言葉は単なる謝り言葉ではなく、感謝する言葉でもあります。

例えば、窓を開けてくれた相手に「ありがとう」も言いますし、「すみません」とも言います。ここの「すみません」は、感謝と軽いお詫びの両方の意味を持っています。窓を開けてくれた相手に、感謝する気持ちを持つ一方、相手に迷惑をかけたことにお詫びの気持ちも込めています。この場合、中国語は〝謝謝〟〔xiè xie〕と表現し、日本語の「ありがとう」に相当します。決して〝対不起〟〔duì bu qǐ〕（すみません）と言いません。さらに比べてみると、英語は〝Thank yon〟と表現し、決して〝Sorry〟と言わないので、中国語と同じような表現様式であることがわかります。

日本に来たばかりの私は日本の「謝り」の文化を知らず、いろいろな失敗を引き起こし

たことがあります。ある日、日本人の友達に
「趙さん、〝口はただ〟、〝負けるが勝ち〟と言う日本語、知ってる？」

と聞かれました。

「えぇ？　どういうこと？　知りません」

「つまり、事を穏やかに収め、波風が立たないように自ら口先だけ謝るのは損ではない。

自分より強い相手の場合、口先の「負け」は実際には「勝ち」になるということだよ」

と親切に教えてくれました。

「えー、そうですか」

と私はつぶやきながら、「言葉の意味はわかったけれど、うまく実行するにはどうも時間がかかりそう」と感じていました。

　また、多くの日本人は「謝りさえすれば、万事が済む」という考えを持っているようです。中国人の目で見れば、まるで謝りで「許し」を乞うようなものです。実は、日本人は

謝る時、「誤りを認め、責任を取るぞ」という気持ちより「許してネ」という期待（求め）の方が強いと思います。もし、謝る方が期待（求め）の許しを得られなかったり、追いつめられたりすれば、「謝ったのに」、「きつい」と不満の気持ちが起こります。心からの謝りの意のないものだと思われます。よく学生に「なぜ遅刻したの？」と聞きます。よく「すみません」と答えてくれます。考えてみれば、「すみません」は遅刻の理由についての答えではありません。結局、「なぜ遅刻したの？」という質問に答えていないのです。おそらく、遅刻の理由を言いにくいので、この「すみません」によって、先生の機嫌を取り戻し、許しをもらおうとしているのでしょう。ごまかそうとしているように感じます。

しかし、中国人の場合、遅刻の理由をはっきり答えてもらい、その理由によって許すか許さないかを決めます。中国人にとって、謝ることは、イコール自分の責任を認めることで、口先の軽いものではなく重い意味を持ちます。ですから、日本人から見れば、なかなか謝らない中国人は頑固で腹を立たせる者です。

「謝ったら何とか許してくれる、謝られたら許してあげないと悪い」、これが日本的な方程式のようです。しかし、世の中、謝るだけで済むことと済まないことがあります。謝られた方の気持ちから言えば、もっと怒りたい時もあります。しかし、相手の「謝り」でその怒りを抑えなければならなくなります。このような「謝り」は、結果としては自分勝手なものとしか思えず、謝られる方には気の毒なものです。

ナレーション：

「口はただ」、「負けるが勝ち」という文化に反感を持つ日本人もきっと多くいるでしょう。「口はただ」、「負けるが勝ち」というのは、おそらく日本の一部の地域や階層で育てられた文化であり、それを全ての日本人に適用すると、部分を見て全体を判断する誤りを犯すことになるかもしれません。しかし、このような文化が日本に存在するのも事実ですから、指摘してみなさんのご判断を仰ぎたいと思います。

並んでいますが

電車に間に合いそうにありません。急いで自動切符売り場に走って行き、切符を買おうとした時、「並んでいますが」と、声をかけられました。ふっと見ますと、後ろにたくさんの人が立っていて、列らしくない列ですが、確かにありました。真っ赤になり、延びている「列」の一番最後に移りましたが、先ほどの声がずっと響いていました。

「並んでいますが」、優しくて遠慮がちの声でした。「やはり日本人だね、言葉づかいが優しい。中国では、このような時、〃请排队！〃〔qǐng pái duì〕（並んでください）、きつかったら〃排队去！〃〔pái duì qu〕（並びにいけ！）と言われるもんね」と、心の中でつぶやいていました。

このように、相手の間違いやミスなどをはっきり言わず、ある状況や事情を述べ、相手の行動がその場の状況や事情に反していることを自己判断させることによって、正しい行動をしてもらおうとするのが日本人です。

また、先日、本屋さんで本を探していた時のことです。隣に立っている方が辞書を開いて、メモを取っていました。その時、店員さんが「すみません、これは商品ですが」と、声をかけました。すると、その方は「あ、すみません」と言いながら辞書を閉じ、元に戻し、立ち去りました。中国では〝请不要摘录〟〔qǐng bú yào zhāi lù〕（メモを取らないでください）と、はっきりした禁止文を使います。

電話の場合も、相手の声が聴き取りにくい時、日本人はよく「電話が遠いのですが」と、電話のせいにします。中国なら〝你大点儿声、我听不见。〟〔nǐ dà diǎnr shēng, wǒ tīng bú jiàn〕（声を大きくして、聞こえないんだ）と、相手に声を大きくしてもらうよう求めます。

このように、他人に対する不満、あるいはある行動をやめて欲しいという時、日本人ははっきりと気持ちを伝えず、ただその場の状況を伝え、相手が気持ちを察するように「導く」のです。このようにはっきりと言わないことから、他人のプライドを考慮し、できる限り仲をまずくしないように生きる日本人像が浮かびます。

ナレーション：

今日、研究室の鍵を開ける時、一枚の張り紙を目にしました。「7／30　23：05　巡回中室内消灯しました」と書いてありました。「そっか、昨日帰る時、電気を消すのを忘れたか」と反省しながら、「いかにも日本人らしい表現だね、「帰る際、消灯して下さい」という自分の要求をはっきり言わないんだね」と、ふっと笑いました。

あぶない

信号のない道を渡ろうとした時、「危ない！」と声をかけられました。とっさに「急ブレーキ」をかけると、一台の車が目の前を通り過ぎていきました。ああ、本当に危なかったのです。

こういう時、中国人は〝小心〟〔xiǎo xīn〕と言います。「気をつけて」という意味です。実は、中国語だけではなく、英語も〝Be careful!〟という同じような表現を使います。よく比べて見れば、日本語の「危ない！」は単に話手の目に映った場面を、「危ない」と判断して相手に伝えるものです。しかし、相手にどのような行動をとってもらいたいのか明示していません。

一方、中国語と英語の場合、目に映った

場面に対する判断だけを相手に伝えるのではなく、その判断によって相手にどのような行動を取ってもらいたいのかも明示しています。「場面・情報」に対する提供にとどまらず、「場面・情報」に応じるべき行動も指示しているのです。

似たような表現がたくさんあります。食事の時、日本人はよく「まだたくさんありますよ」とお客におかわりを勧めますが、中国人は〝再来点儿、菜还有很多。〟〔zài lái diǎnr. cài hái yǒu hěn duō〕（もう少し食べて、料理はまだたくさんある）と勧めます。また、料理店を勧める時、「昨日行った店は美味しかった」と日本人は言いますが、〝昨天去的那家店、味道真不错、你什么时候去尝尝。〟〔zuó tiān qù de nà jiā diàn. wèi dao zhēn bú cuò. nǐ shén me shí hou qù cháng chang〕（昨日行った店は美味しかった。いつか行ってみてください）というのが、中国人の勧め方です。さらに、午後から雨が降るという情報を知った日本人の奥さんは、ご主人に傘を持って出かけてもらいたい時、「夕方から雨が降るらしいよ」というふうに伝えますが、中国人の奥さんは〝带上伞、下午要下雨！〟〔dài shang sǎn. xià wǔ yào xià yǔ!〕（傘を持っていきなさい、午後から雨が降る）と言います。

このように、両国の違いは一目瞭然だと思います。日本人の場合はあくまでも「情報」提供にとどまり、相手にどのような行動をしてほしいかという自分の意見を明示せず、相手の判断にまかせます。中国人の場合は、相手にどのような行動をしてほしいかという自分の意見をはっきり示します。このような日本人と中国人の思考・行動の違いは、次のように表せます。

日本：場面、様子、情報などを伝える。

中国：場面、様子、情報などを伝える→取ってもらいたい行動を明示する。

Or：取ってもらいたい行動を明示→場面、様子、情報などを伝える。

このような言葉づかいの違いから、自分の好意が必ずしも相手によい結果を与えるとは限らないと思い、遠慮して一歩引いて相手に何かを勧めるという「遠慮がち」の日本人像が窺えます。一方、中国人は日本人のような遠慮がなく、自分の意見を相手にはっきりと伝えます。もし自分のアドバイスが相手にかえってマイナスの結果をもたらしても、「悪かったな」とあまり自分を責めないし、相手の恨みを買うこともありません。

前編の「並んでいます」と合わせて見れば、日本人は不満で他人にある行動をやめてもらいたい時でも、好意で他人にある行動を勧めたりする時でも、とにかくはっきりと自分の意見を示さず、単にある状況、事情、様子などを相手に提示し、相手が自ら自分の望む（求める）通りの行動を取るようにします。言い換えれば、状況、事情、様子を提供し、行動は本人に任せるのが特徴です。

頑張れ

前編で述べたように、日本人は他人にある行動を取ってもらいたいと思う時、状況、事情などを相手に提示するまでに止める特徴があります。しかし、一つ例外があります。日本人はよく気軽に他人に対して「頑張れ」とか「頑張って」と言います。

「頑張れ」や「頑張って」と言われると、まるで自分が頑張っておらず、怠けていて、だから「頑張れ」と求められる（命じられる）ように聞こえます。好意で言っているとわかっていても、やはり不愉快を覚えます。よく考えてみますと、我々はよく勉強している学生に「勉強しなさい！」とか、よく働いている人に「仕事しなさい」などと言わないでしょう。日本人は好意のつもりで人を励ましていますが、その言われた人の心情はあまり考えていないようです。日本にいる中国人の多くは、あまり「頑張って」のような掛声を好きでないようです。

日本人の男性と結婚している張さんという友人がいます。彼女から以下のような話を聞きました。それは彼女が娘の通っていた小学校の保護者会議に出席した時のことです。担任の先生といろいろな話をし、「お子さんは何人いらっしゃいますか」と尋ねられました。

「一人です」と答えると、「頑張って下さい」と言われました。彼女は、あまりいい気がしなかったそうです。「子供を産むことさえ頑張ってと言われるのか⁉ 産むかどうか、何人生むか、こちらの勝手だ。また、一人の面倒を見るだけで精一杯に頑張っているのに、頑張って下さいって、ちょっと無理だわ」というのです。

そうですね、張さんの気持ちはよくわかります。日本に来て九年余り、私は毎日一生懸命に頑張っていると思います。それなのに、さらに「頑張れ」や「頑張って」と言われますと、不安になります。「もうこれ以上頑張れないよ。でも言われるようにもっと頑張らないと、相手の好意を拒んでしまう」という気持ちです。「本当に言うのは簡単だ！」と、かえって元気がなくなってしまいます。よほど「無理をしないでね」、「ほどほどにしてね」と言われた方が、優しく聞こえ、頑張る気が増します。

冒険家の大場満郎さんが南極を横断できたコツは二つあったそうです。一つは、よく振り返って自分の足跡を見ることです。もう一つは、歩きながら「頑張らないで」と自分に言い聞かせたということです。果てしない真っ白の世界の中で、ちょっと無理をすると、人間の判断力は錯覚を起こしやすくて、危険に至るからです。

日本人ははっきりものを言わず、特に他人にどのような行動を取ってもらいたいかについては遠慮がちですが、この「頑張れ」はどうも日本人らしい表現ではないように思えま

す。

ちなみに、「頑張れ」を中国語にすれば、〝加油〟〔jiā yóu〕と言います。「油を補給する」という意味です。人を励ますのになぜ「油を補給する」というのでしょうか。その理由は実に簡単です。ここの「油」は、燃料の「油」と思えばよいのです。燃料がなくなると、機械などが動かなくなることから、人に元気をつける時、「油を補給する」と言うようになりました。中国ではガソリン・スタンドを〝加油站〟〔jiā yóu zhàn〕と言います。

ナレーション：

この一篇について、日本人の友人から興味ぶかいコメントが寄せられました。

「日本語の〝頑張れ〟は、実際には挨拶ことば程度の軽い言い回しに変わってきていて、次第に本来の意味を持たなくなりつつあるようです。現実に「頑張る」ような生活実感が薄れている状況の中で、言葉だけが取り残されているのかもしれません。〝加油〟は違います。本気で頑張ってもらいたいニュアンスがたっぷりです。ですから、日本語の〝頑張れ〟を文字通りに〝加油〟の意味に受け取ったら、気持ちと感覚のずれが生じます。張さんの例などは一種の「文化摩擦」なのでしょう（あの〝頑張れ〟は実際には少し冗談ぽい言い方だったようにみうけられます）。〝加油〟と〝頑張れ〟では、言葉の価値が少なからず違ってきたようで、〝頑張れ〟の新しい中国語訳を発明する必要があるのかもしれませんね」というのです。

頑張ります

他人に「頑張れ」と言われたくないですが、自ら「頑張ります」というのは大好きです。まだ日本語をそれほど喋れない時、大学院の面接試験を受けることになりました。専門知識についての答えをずっと前から暗記してきましたが、なかなかうまく口に出せません。順番待ちの間さらに頭が真っ白になり、「データ」再確認も不可能の状態に陥っていました。

「緊張しなくていいよ。答えられなかったら、「頑張ります」と言えば、大丈夫さ」

と、隣に座っている順番待ちの留学生に声をかけられました。

「え？ そうですか？」

と、やはり不安でした。

「趙さん、趙静さん」

と、その時、名前を呼ばれました。

席から立ちました。心も一緒に喉もとまで登ってきました。

「頑張ってね！」

隣の彼が声をかけてくれました。

案内者に連れられ、会場に入りました。教授達が目の前にズラッと座っていました。

「こんにちは、趙静です」

と、おじきをしながら、日本風の挨拶をしました。

「こんにちは、どうぞおかけください」

と、一人の教授がやさしい声で言ってくれました。次は、質問の連続でした。

「趙さんは、中国近代女流作家張愛玲の研究をやっていますね。彼女みたいに小説を書いてみたいと思っていますか？」

と、思いがけない質問が飛んできました。正直に言いますと、小説を書くつもりはありません。しかし、その時否定の答えはどうもまずいぞと思い、肯定の答えにしようと思いましたが、嘘は付きたくありません。どうしようと困ってしまいましたので、つい
「え…頑張ります！」

と、台詞《せりふ》が口から出てきました。

「趙さん、今、日本語をどれぐらい分かりますか？ NHKのニュースを七十％ぐらい？」

また、思いがけない質問でした。

本当は五十％ぐらいなのですが、やはり否定の答えにしたくないし、嘘もつきたくありません。そこで、また

「え…頑張ります！」

と、答えました。

「趙さん、うちの授業はね、中国文学だけではなく、日本の古典文学や近代文学も必修しなければなりません。日本人の学生にも難しいですが、趙さんは大丈夫？」

「え！頑張ります！」

本当に大丈夫かどうかはわからなかったけれど、一応答えました。

「趙さんの家は京都にありますね、学校まで片道どれぐらいの時間がかかりますか？」

やさしい女の教授からの質問。

「二時間ぐらい」

「毎日じゃなくても、週に四回ぐらい通えますか？」

「はい、頑張ります！」

と、これは堂々と答えられました。

「趙さん、バイトをしていますね。週に何回？毎回何時間していますか？」

と、教授たちは一人ずつ質問をしてきます。

「週に四回、毎回六時間です」

「勉強と生活の両立はできますか？」

「はい、頑張ります！」

と、その日、その時、私は何回「頑張ります」を使ったのか、数えてなくて、残念な気がしました。……

　やっと質問が終わったようで、一番最初に挨拶した教授が私に
「趙さん、今日はよく頑張りました。これからも頑張って下さい！」

と、笑いながら言ってくれました。

　面接会場から出て、「頑張ります」という日本語の便利さと救急性に気が付き、その「魔法力」に驚きました。

　さらに、不思議な現象にも気が付きました。前編で述べたように、中国語では「頑張ります」は〝加油〟と言います。しかし、日本語との使い方が違います。つまり、いきなり自らすすんで〝加油〟と言わないことです。人を励ます時使うか、自分が励まされ〝加油〟と言われてから、その返事として〝加油〟と答える時に使います。よく注意すれば、日本語の中には、このように自ら宣言する表現が多いようです。「いただきます」「ご馳走様でした」「ただいま」などがあります。いずれも中国語の表現との使い方が違っています。中国人は「いただきます」「ご馳走様でした」を言う習慣がないのです。大体、食べ始める前、「食べましょう」と言われてから、「じゃ、いただきます」と応答する感じです。また、食べ終わる前「もう少しどうですか」とお代わりを勧められた時、「いいえ、ご馳走さまでした」を言います。同じく、外から帰ってきた人が自ら「ただいま」と言わず、家にいる誰かに「お帰り」と挨拶されてから、「ただいま」と返事をします。相原茂先生は、著作『中国語の学び方』（東方書店、一九九九年十月、一〇二頁〜一一二頁）で、この問題について大変詳しくかつわかりやすく述べています。ここで、少し引用させていただきます。

日本はすべて、宣言型といいましょうか、自ら「いただきます」「ごちそうさま」「ただいま」を自発的に発声するわけです。ところが中国語は、必ず相手へのケアといいましょうか、気遣いがあり、それに応じるかたちで、これらの「あいさつことば」が発せられるわけです。

中国語はいわばホスト役が、この場合は家というホームベースにいる人が、外から帰ってきた人に、「お疲れさまでした、お帰りなさい」といたわりの声をかけている。一種のホスト文化といえるでしょう。

私はこの日中の違いをこんなふうにまとめています。

日本‥宣言型

中国‥対話型

なるほど。このようにまとめられますと、言葉の勉強により興味が湧きます。言葉から文化を読み取り、文化の中で言葉の意味を味わうのは、言語教育の使命だと新たに感じています。

いいです

コーヒを勧められ、飲みたいというつもりで、「いいです」と答えて、いつまで経ってもコーヒを持ってきてもらえなかった経験をしたことがあります。なぜ日本人は「いいです」という肯定的な表現を用いて、否定の意味を表すのかと、考えてしまいます。

かつてある同僚の英語の先生から、日本人と中国人を見分けるコツを教えてもらったことがあります。それは、何でも「はい、はい」を言うのは日本人で、何でも「いいえ」を言うのは中国人だということです。ちょっと言い過ぎのようなところもありますが、その鋭い観察力とユーモアに感服し、ふきだしながら納得しました。

中国は、「ＮＯ」（いいえ）で始まる国だと言われています。なぜこのような「性格」を持っているのでしょうか。

中国人が「ＮＯ」と言う理由は、大きく三つに分けることができます。

一つ目は、相手の誠意を試し、自分の努力や相手に対する友情、人情をアピールするためです。例えば、人に何か頼まれた時、相手の誠意を試すため最初必ず〝不好办〟〔bù hǎo bàn〕（やりにくい、取り扱いにくい）や〝办不了〟〔bàn bu liǎo〕（できない、やれない）な

どと言いますが、何度も頼まれますと、相手の誠意を確認することができます。また、最初に断ることによって、頼まれたことの難しさを相手に示すことができます。そうしますと、次に相手の頼みを引き受ける時、相手に自分の友情、人情、さらにこれから必要な努力をアピールすることができます。

二つ目は遠慮のためです。例えば、人に「お腹は空いてない？」と聞かれた時、たといお腹が空いていても、必ず「空いてない」と答えるのは中国人です。なぜなら、もしかしたら相手は自分のことを心配しているのかもしれないと思うので、心配させないように否定の答えを出すのです。

三つ目は自分のプライドのためです。例えば、会議の時、自分の意見をはっきり述べたり、反対意見もよく出し論議になるのは普通のことです。中国人にとって何も言わないのは何もわからないことと同じです。何もわからなかったら、人に見下げられたり馬鹿にされたりします。そうならないように、中国人はよく自分の意見を示し、個人的な感情に基づくのではない反対意見を出します。そうしますと、「なかなか自分の考えを持つ者だ」と思われ、皆の尊敬を得ることができ、仕事の相手にもされやすくなります。〝不打不相识〟〔bù dǎ bù xiāng shí〕、〝不打不成交〟〔bù dǎ bù chéng jiāo〕（喧嘩をしなければ、仲良しになれない）という表現は、中国人のこのような「性格」を裏付けています。

一方、日本人の場合は、中国人の考えとはちょうど反対になっています。人と人の間にできるだけ摩擦を起こさないようにするために、できるだけ「いいえ」を避けようとしています。反対意見を持っていても、黙っていて何も言わないのが、最も日本人らしいやり方です。日本人の話をちょっと注意して聞いていると、言葉の最後に自分の意見に同意を求めるニュアンスを持つ「ネ」が耳につきます。「いいお天気ですネ」、「今日の映画よかったですネ」、「会議にでなくてもいいですネ」などのように、この同意を求める「ネ」は日本人の性格をよく表していると思います。

もしどうしても「いいえ」を言わなければならない時、日本人は次の方法を取ります。

①与える側として、文頭によく「反対ではないですけれども…」、「言い訳ではないですが…」のような言葉を加えます。できる限り言葉を和らげ、相手に少しでも不愉快な気持

ちを起こさせないようにします。反対意見を言うのが悪いという自分の気持ちを、相手に先に伝えるのです。これは「いいえ」を言う側の思いやりだと思います。

②受ける側として、肯定の表現を用いて否定の意を表します。「コーヒいかがですか」→「いいです」、「荷物をお持ちしましょうか」→「いやあ、結構です」などのように、本来「いい」、「結構」という肯定的価値を持つ表現に否定的な価値を持たせます。そうしますと、「いいえ」という否定的な表現を口から出さなくてもよいのです。確かに「いいです」とか「結構です」とかは、「いらない」よりずいぶん優しく聞こえますが、日本に来たばかりの外国人の皆さんには優しくないようです。『あいまい語辞典』（東京堂出版、芳賀綏他、平成九年八月二十日）では、「いい」に対して、次のような解釈があります。

「いい」という語そのものが、抽象度の高い、極めて包括的な意味内容を有する以上、これが具体的な会話の中で使われるとなると、前後の関係（文脈）と話し手の心理が絡み合い、話のつながり（フレーズ、センテンス）全体として、その都度、特定の意味を帯びる「いいです」以外の、発言されていない〝空白部分〟の意味を取り巻く発言者の心理の流れを汲み取り、補って解釈する必要がある。

このような抽象的、曖昧的な言葉の意味をその場その場で正しく理解するのは、外国人には難しい。「いい」は、もう「いいです」！

ナレーション：

日本人は「いいえ」を言うことをできる限り避けようとしますが、例外があります。人に誉められたりする時、日本人は、積極的に「いいえ、いいえ」と言います。「お宅のお嬢さんは可愛いですね」→「いいえ、いいえ、結構わがままです」、「お二人仲がいいですね」→「いいえ、いいえ、見た目だけです」、「料理お上手ですね」→「いいえ、いいえ、何もできません」…日本語の「いいえ」は、「否定詞」というより、「謙遜語」として扱った方が、より言葉の価値に近い分類法ではないのでしょうか。

どうも、どうも

日本人の挨拶を聞いていると、「どうも」をよく耳にします。道で会った日本人同士は「どうも、どうも」と挨拶し、別れる時も「どうも」と別れを告げます。また、買い物に行くと、顔見知りの店員が「どうも、どうも」と声をかけてくるし、買い物が済んでからも、お互いに「どうも」と一言声をかけ合います。さらに、友人に電話をかけると、いきなり「どうも、どうも」と言われます…どうも「どうも」は至るところで使われているようです。朝晩の挨拶をする時、会った時、別れる時、感謝の時、謝罪の時、祝福する時、悔やみの時、ねぎらう時、…「やあ、どうも、どうも」で済ませることができそうです。

このように、ほとんどの挨拶場面で使用できる「どうも」は、正に万能語と言っても過言ではありません。外国人はこの「どうも」さえ覚えたら、日本人とあらゆる場面で挨拶ができそうです。ですから、外国人に最も先に教えるべき日本語は、「こんにちは」ではなく、「どうも」ではないかという気がします。

考えてみれば、「どうも」の後ろに「何に」という言葉の意味を表す肝心な部分が省略されています。ですから、「どうも」は単なる意味の確定されていない「短縮語」と言え、そ

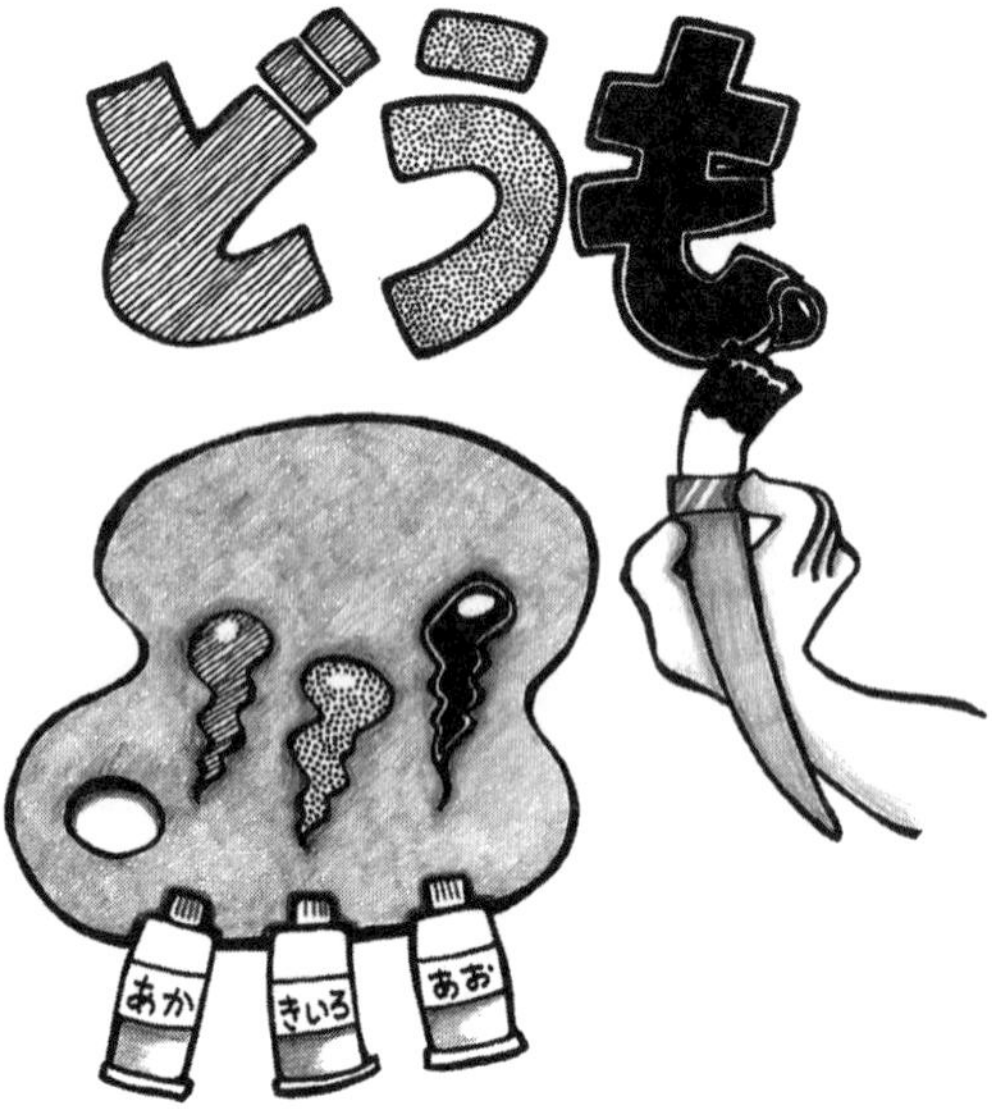

の後ろの部分をはっきりさせないと、意味が確定しないわけです。

どうも初めまして。
どうもお久し振りです。
どうもいつもお世話になっています。
どうもありがとう。
どうもすみません。
どうもお先に失礼します。
どうもお疲れ様でした。
どうもお邪魔しました。
どうもお気の毒に。
どうもこの度はとんだことで…

以上のように、一つ一つ会話の場面によって、「どうも」の後ろの部分を判断します。つまり、「どうも」の後ろに省略された部分の意味を正確に判定するため、具体的な話をする場面に依存しなければなりません。場面によって感謝の意味、謝るの意味、祝福の意味、悔やみの意味などになります。逆に、具体的な場面がなければ、「どうも」の意味を判断できないわけです。日本語は場面に依存性の強い言語だと言えます。

似たような表現は日本語の中にたくさんありますが、ここで「じゃ」を代表として挙げたいと思います。

「じゃ」は基本的に次のような場合で使います。

①相手の言葉を受けて、「それでは」こういうふうにする、こう思う時。「ちょっと雨が降りそうで、」→「じゃ、今日早く帰りましょうか」

②特に相手の言葉を受けるというわけではなく、話を切り上げたり、別れを告げる時。「じゃ、」

②の「じゃ」は、その後ろに、その場面によって「また会おう・元気で・気をつけて・無理しないように・よい旅を・幸せに・明日○○駅で××時に会おう…」といろいろな言葉をつなげることができます。つまり、会話の場面によって「じゃ」の意味が確定するのです。

「どうも」と「じゃ」のように確定した意味を持たず、強く場面に依存する表現は、日本語表現の特徴の一つだと思います。このような日本語の性格から、「なるべく言わない方がよい、言わなければならない時、言葉を少なくしたり、ぼかしたりする」という日本人の性格が見られるのではないでしょうか。

「どうも」と「じゃ」のような表現は中国語に直訳できません。訳者は具体的な場面（話の内容、話の雰囲気、話し手の気持ちなど）により、後ろに省略された部分をそれぞれに加えなければなりません。いい加減な訳者には、日本語の訳は簡単ですが、真面目な訳者には日本語の訳は頭を悩ませます。

ナレーション：

「どうもうまくいかない」、「どうもわからない」、「どうもあやしい」、「どうも迷ったらしい」というような表現もあり、「どうも」の意味をさらに膨らませます。さあ、次の問題を一緒に考えませんか？棒線横に適切な日本語を幾つ入れられますか？

どうもはどうも＿＿＿＿＿＿＿＿＿＿＿＿。

ばたばた

日本人Lさんと、七時にある駅で待ち合わせをしていました。しかし、Lさんは三十分も遅刻しました。

慌しく走ってきたLさんは、「ごめんなさい、大変遅れてしまった。忙しくてバタバタしてた」と謝ってくれましたが、どうも納得できないところがありました。「ばたばたしてたって、一体何をしていたのか？　三十分も遅れるなんて」という気持ちでした。そこで、Lさんに「あ、そう。ばたばたって？」と突っ込んで聞きました。「え？」と少し不思議な顔で「いろいろあってさあ」と、Lさんが答えてくれました。

「何だって？　いろいろ？　いろいろって、何だ？　ごまかそうとしているじゃないか」と思い、さらに機嫌が悪くなってしまいました。しかし、もう突っ込んで聞くことをしませんでした。相手にしたくないと思ったからです。

このような場合、中国人は遅刻した理由に拘《こだわ》るのです。中国人は遅刻する理由を大きく二つに分けます。

一つは、本人の責任ではない遅刻です。例えば、仕事に忙しくて、どうしても抜けられなかったり、交通渋滞や乗り物の遅れであったりする場合で、これなら許します。

もう一つは、本人の責任での遅刻です。つまり、本人の不注意などによる遅刻です。この場合、本人は努力さえすれば遅刻を免れることができるので、許すことをせず、怒ったり文句を言ったりします。なぜなら、この遅刻の根本は約束自体や相手を大切にする気がないと思うからです。つまり、自分のプライド（面子）が傷つけられたと思うのです。

ですから、中国人は遅刻した場合、「ごめんなさい」と謝るより先に、遅刻した理由をはっきり述べます。もちろん、自分のせいではないように理由を作ります。正直ではない、ずる賢いと思われますが、自分が悪くないようにすると同時に、相手のプライドを気にし、相手の面子を立てたいという配慮も込めているのです。日本人の学生から「寝坊」とか

「テレビを見てて時間を忘れた」などという遅刻の理由を言われた時、「ばかにされているのではないか」と、腹を立ててしまったこともありました。

正直であることが必ずしも、いいことばかりとは言えません。嘘も方便ということもあります。

日本人に愛用される「ばたばた」、「いろいろ」、「ごろごろ」のような表現は、ぼんやりしており、外国人にはごまかし言葉に聞こえます。

「さん」の話

日本人は人などを呼ぶ時、その名前をそのまま呼ぶのは失礼だと考え、相手に丁寧の意を表わすため「さん」をつけるのが、最も一般的かつ最も多く使われている方法のようです。「さん」は人名などの下に添える敬称でもあり、丁寧に言う時につける言葉でもあります。『敬語の用法』（辻村敏樹他、角川書店、平成三年二月十日）では、次のような解釈をしています。

①人の姓・名・あだ名・仮名などにつける「鈴木さん」「和子さん」「お富さん」「Aさん」
②身分を表す語句（i）職業など「お医者さん」「魚屋さん」「学生さん」（ii）「課長さん」「会長さん」「幹事さん」
③自分、相手あるいは該当の人から見た関係を表す語句（i）親族関係「お父さん」「奥さん」「弟さん」（ii）その他「お隣さん」「お客さん」「お弟子さん」
④該当の人の属性・状態を表す語句「素人さん」「迷い子さん」「お上（のぼり）さん」

⑤その他の、人を表す語句「お前さん」「奴さん」（＝三人称代名詞）
⑥屋号や、会社・団体名「三河屋さん」「三菱さん」「ＮＨＫさん」
⑦擬人化されたものなど「観音さん」「象さん」「お月さん」

このように、かなり幅広く使われているようです。中国人には、日本人は礼儀正しくて丁寧だという印象を与えると同時に、丁寧すぎるとも思わせます。なぜなら、人名以外のものに付ける「さん」の使い方に違和感があるからです。

中国人は人の名前を呼ぶ時、人間関係に左右され、〝尊称〟、〝平称〟、〝昵称〟（親密名称）、〝貶称〟（けなし名称）、〝戯称〟（戯れ名称）などがありますが、同輩や年下に対しては〝平称〟を使い、「直呼其名」（その〝名〟を直接に呼ぶ）方法が最も基本的です。そして、年配や目上の人に対しては〝尊称〟を使い、いろい

ろな呼び方があります。

ここで、中国人の〝尊称〟と日本語の「敬称」、「丁寧名称」の「さん」とを比べてみたいと思います。中国の場合、尊称を使用する時、一般的に次のような呼び方をします。

①人の姓の前か後ろに〝老〟を付ける。〝老王〟、〝李老〟。中国は〝尊老敬長〟（年配者や目上の人を尊敬する）の国なので、〝長者為尊〟（年配者や目上の人を「尊」となす）という社会的意識を持っているため、「老」は尊敬表現の一つとなっています。

②姓＋職業/職務/職名。〝張大夫〟（張医者）、〝孫主任〟、〝劉教授〟、〝紀老師〟（紀先生）。この場合、人々に羨ましく思われたり、尊敬される「職業/職務/職名」しか使わないのです。

③姓＋親族関係の呼名。〝孔大哥〟（孔お兄さん）、〝馬大姐〟（馬姉さん）、〝江阿姨/大媽〟（江叔母さん/伯母さん）、〝宋叔叔/伯伯/大伯〟（宋叔父さん/伯父さん）。この時、「弟」、「妹」は使いません。

④姓＋〝師傅〟。〝白師傅〟。〝師傅〟美容師やタクシー運転手、職人など、技術労働者に対する尊称。

⑤姓＋〝先生〟。男性に対する尊称。〝先生〟は日本語の「先生」の意味と違い、「さん」と訳すのが適当で、英語の〝Mr〟の意味に近い。〝黄先生〟

⑥姓＋〃小姐／女士〃。若い女性に対する敬称。〃唐小姐〃、〃範女士〃。ただし、最近〃三陪女〃（ホステス）のことも〃小姐〃と呼ばれているので、特に南方では、〃小姐〃という呼び方は女性に嫌がられているようです。

以上の例として上げた語句は、あくまでも主なもので、実際にはまだいろいろな表現があると思います。なお、現代中国では家族や親族の間に「敬称」を使いません。日本語の「父さん」、「母さん」、「おじさん」、「おばさん」というふうに「さん」を付けて丁寧に呼ぶ発想がありません（家族や親族の間で「丁寧」にするというのは水臭くて親しみが感じられません）。

要するに、現代日本語の「敬称」を表す名称の「さん」は、中国語と比べ、使う範囲が広くて普遍性を持っていると言えます。一方、中国語の場合は相手によって「敬称」を決めるものであり具体性を持つのです。

なお、人以外のものを呼ぶ時も「直呼其名」法で呼びます。「花屋さん」なら〃花店〃〔huā diàn〕、「三菱さん」なら〃三菱公司〃〔sān líng gōng sī〕（三菱会社の意味）、「象さん」なら〃大象〃〔dà xiàng〕というふうに呼びます。

日本語の「さん」は、中国語にする時、状況によって表現を選ばなければなりません。つまり、日本語の普遍性を備える「さん」は、中国語の中で具体化されます。

迷わせる「さん」

去年の十月、日本人の男性と結婚しました。主人の名前は「〇〇正樹」で、「正樹」と呼んでいます。身内の人だから、「さん」をつけないのは当然だと思っていましたが、大失敗でした。

ある日、主人から

「ね、おふくろに僕のことを言う時、なんと言った？」

と聞かれました。

「正樹でしょう」

と、答えました。

「「さん」をつけて欲しいって」

と主人は、お母さんの気持ちを伝えてくれました。

「え？　なに？　正樹さん？　可笑しいよ、同じ家族の中で、「さん」で呼ぶの？」

と、とても納得できない私でした。

「気持ちはわかるけど、僕らの間では「さん」をつけなくていいんだが、おふくろと僕のことを話す時に、僕の名前の後に「さん」をつけないと、失礼になるんだって。それは僕に対する敬意ではなく、おふくろに対する敬意なんだよ」

と、主人は説明してくれました。

「でも…家族の間で「さん」をつけるなんて！　可笑しいわ」

と、不満に思い、隔たりを感じました。

しばらくの間、義理の母には主人を話題にしないようにしました。どうしても「正樹」を使わなければならない時は「さん」をつけますが、不本意でしかたがない気持ちでした。

また、ある日、お世話になっている先生と電話で話をしていました。最後に「正樹さんも先生によろしくと言っています」と言いました。

電話を切ってから、隣に座っている主人は

「こういう時は、「さん」をつかわないんだよ」

と指摘してくれました。

「え？　先生に対する敬意じゃないの？」

と、私は反論しました。

「や、や、違うの。こういう時は、自分の方を低くするため、敬意を表す「さん」を使わないの。先生は同じ家族の者じゃないから。日本は「内」と「外」の区別をはっきりしているから。つまり、「外」のものに対して、「内」のことは敬語や丁寧語を使わず、謙遜表現を使います」

「というのは、「内」のものに敬語や丁寧語で、敬意を表すわけ？」

と、私が頭を整理しながら、尋ねます。

「や、ちょっと訂正して、言ったほうがいいかな。つまり、「内」の目上の者に敬語や丁寧語を使って敬意を表すわけだ」

以来、義理の母と話をする際、「正樹」に「さん」をスムーズにつけられるようになりました。中国の習慣とずいぶん違うことに驚きました。

ナレーション：

中国人は普通〝大名〟〔dà míng〕と〝小名〟〔xiǎo míng〕を持っています。〝大名〟は公の場所で使い、〝小名〟は親族の間のみで使います。〝小名〟の付け方はいろいろありますが、〝大名〟の「姓」を「小」や「暁」（小と同じ発音)、「阿」などに替えたり、「名」を重ねたりするのが普通です。例えば、〃王芳〃〔wáng fāng〕という名前(〃大名〃)の人がいます。この人は学校や会社など公的な場所では、〃王芳〃と呼ばれますが、家では〃小芳〃や〃芳芳〃などと呼ばれるのが一般的です。その〃小芳〃、〃芳芳〃は〃王芳〃の〃小名〃になります。また、〃大名〃と関係なく〃小名〃を付けることもあります。例えば、私の〃大名〃は「趙静」ですが、家や親戚の間では〃暁玫〃〔xiǎo méi〕と呼ばれています。〃玫〃は〃玫瑰〃〔méi gui〕(バラ)の〃玫〃です。バラは美しいですが、とげがあります。つまり、バラのように美しく、かつ自己防衛できるようにという両親の気持ちが込められている〃小名〃です。

〃小名〃の作り方はたくさんあります。以上の例は、もっともよく使われている方法として紹介しました。

「先生」から「さん」

「さん」が一つの丁寧語として使われることは、どんな辞書にも同じように書いてあります。しかし、実際の日常生活の中では、「さん」は丁寧語ではない性質を持っているようです。これは、学生達の私に対する呼び方の変化から、わかったことです。

苗字は「趙」で、学生に「趙先生」と呼ばれていますが、しばらく時間が経つと、「趙先生」から「趙さん」と呼び方を変える学生がいます。なぜこのように変化したのかと思いました。「さん」は丁寧語だと言っても、どうもこの場合は丁寧さを感じなくて、「先生」の方がより丁寧に聞こえ、敬意が感じられます。

そこで、学生に直接尋ねることにしました。「先生」の方は尊敬語ですが、少し距離を感じる呼び方だそうです。

つまり、お互いの関係は「上」と「下」にはっきりしています。一方、「さん」の方は親しくなってからの呼び方で、距離は「先生」の方よりずいぶん少ないのです。つまり、「先生」から「さん」への変化によって、お互いの「社会関係」は一応そのままなのですが、それをいっそう「親密化」するのがここでの「さん」の機能だと思われます。「さん」は敬意でもないし、尊敬でもないのです。

なるほど、納得しました。「さん」のこのような使い方は、なぜどこにも書かれていないのか不思議です。各辞書に「さん」についての解釈を書き加えた方がよいのではないでしょうか。

馬鹿

たまたま図書館で『日本語・中国語意味対照辞典』（南雲堂、飛田良一他、一九九五年四月二十日）を目にしました。チラッと捲ると、「馬鹿」に対する解釈の一頁がありました。ちょうど「なぜ日本語の「馬鹿」は「馬」と「鹿」とが一緒になっているのか」という疑問をもっていましたので、読むことにしました。そこで、次のように書いてありました。

人をののしるときに使う「馬鹿」ということばは中国人が見ると理解できません。どうして「馬」＋「鹿」が阿呆、へちま野郎の意味になるのでしょうか。ことに「鹿」は可愛い動物ですから。これは中国語のことわざ「指鹿為馬」〔zhǐ lù wéi mǎ〕から生まれた漢語なのでしょう。

秦朝二世、胡亥が皇帝であったとき、丞相趙高が造反しようとして、ほかの下臣が彼の意図に反するのを恐れ、わざと、一匹の鹿を連れてきて、胡亥皇帝に「これは馬です」と捧げました。胡亥が笑いながら、「これは鹿だ。あなたは間違っている」と言いました。そばの人々に聞いてみたら、馬だと言った人もいるし、鹿だと言った人もいるし、返事をしなかった人もいました。あとで、趙高は鹿だと言った人を暗殺しました。最後は秦朝二世胡亥も趙高に強要されて自殺してしまいました。「指鹿為馬」の趙高は悪い奴なので、悪い奴、悪い事を「馬鹿」としたのです。

とてもわかり易い解釈で、「なるほど、やはり日本と中国は関連が深いんだ！」と、疑問が解け、賢くなった気分でした。

ところが、またある日、たまたま図書館で『罵詈雑語辞典』（東京堂出版、奥山益郎、平成九年八月二十日）を目にしました。面白そうなので、チラチラと捲っているうちに、「馬鹿」という一頁になりました。そこには、驚く解釈が書いてありました。

愚か者として罵る言葉。語源は梵語の「moha」（愚の意）と言う。「馬鹿」は当て字。

なんと、中国語の「指鹿為馬」とは関係がないではありませんか！　どちらが正しいのか、「賢くなっていた」頭が愚かに戻ってしまいました。幸い、さらに調べる気が起こりました。

いろいろと調べた結果、両説とも正しいようですが、梵語の「moha」から来たもので「馬鹿」は当て字という説しか書いていない辞書が圧倒的に多かったのです。両説とも載っているのは、調べた限り『日本国語大辞典』（小学館、一九九六年一月〔縮刷版〕と二〇〇一年十月〔第二版〕）と『大漢語林』（大修館書店、鎌田正他、平成四年六月）の三種です。ここで、幾つかの辞書における解釈の関連のある部分を取り上げたいと思います。

ばか【馬鹿・莫迦】（梵語moha（慕何）、すなわち無知の意からか。古くは僧侶の隠語。「馬鹿」は当て字）――『広辞苑』より

ばか【馬▸鹿・▸莫▸迦】（名・形動）《当て字。moha梵（愚か、悟れない迷い）の音写「慕何」の転という。》――『日本語大辞典』（第二版、講談社、梅棹忠生他、一九九六年十二月）より

バカ【馬（鹿・（莫（迦】（名・形動）（梵語bakaまたはmoha）「無知」の意。「馬鹿」はあて字）――『新潮国語辞典』―現代語・古語―（第二版、新潮社、山田俊雄他、平成七年十一月）より

ばか【馬鹿・莫迦・破家】〔名〕（「馬鹿」はあてじ。梵語のmoha＝慕何（痴）、またはmahallaka＝摩訶羅（無智）の転で、僧侶が隠語として用いたことによる。また、「破家」の転義とも考えられる。…「破家」は、「臨済録―勘弁」に「仰山云。大似「勾賊破家」」、「五燈会元―巻一一」に、「問。如何是買戒定恵。師云。破家具」」などの例があり、家財を破るの意であるが、家財を破るほどの愚かなことという意から転じて「愚か」の意となったとも考えられ、「太平記」などに見られる古い例が、「馬鹿」ではなく「馬鹿者」であることも注目される。語源については、新村出「馬鹿考」（「東亜語源志」所収）に詳しい。(1)（1）痴の意の梵語Moha（慕何）の転〔塩尻・外来語辞書＝荒川惣兵衛〕。ま

た、無智の意の梵語Mahallaka（摩訶羅）の転〔東亜語源志＝新村出・大言海・ニッポン語の散歩＝石黒修〕（2）ボケの義〔松屋筆記・菊池俗言考〕。（3）ヲコの転〔笑の本願＝柳田国男〕。（4）マカ（間所）の転で、マカは大マカ・小マカのマカと同じ〔俗語集覧・海録〕。（5）小児の玩具の名ベカから〔名言通〕。（6）「史記」の、趙高が鹿を馬と言って廷臣をためしたという故事から〔異説まちまち・物類称呼・話の大事典＝日置昌一〕。（7）ワカ（若）の転という〔猫も杓子も＝楳垣実〕。

――『日本語大辞典』〔縮刷版〕、小学館、一九九六年一月十日より

【馬◁鹿】…《バカ》愚かなこと。また、愚か者。梵語《ボンゴ》moha（痴の意）の音訳からの転とも、趙高の故事から出たともいう。莫迦《バカ》。――『大漢語林』〔大修館書店、鎌田正他、平成四年六月〕

なお、『日本国語大辞典』〔第二版、小学館、二〇〇一年十月〕では、「馬鹿」の語源を〔縮刷版〕の七つから五つにしています。その（1）は、新村出の「東亜語源志・馬鹿考」説。その（2）は、古くは「馬嫁」、「破家」といった表記が見られる説。その（3）は、趙高の故事説。その（4）は、語源を「はかなし」の語根の強調形とする見方説。その

（5）は、俗語だけに交替が激しく、同意語も多いという説。「あほう」、「たわけ」、「だら」などが代表的なものとして取り上げられています。「それらが文献上の出現時期にほぼ対応する形で方言分布しているが、北海道・東北から関東および中国から九州に広がる「ばか」類、関西・四国の「あほう」類、愛知の「たわけ」類、北陸・山陰の「だら」類、沖縄の「ふりむん」類というのがおおよその状態である」というふうに説明されています。

今度は、本当に「賢くなった」かしら。

盲目の信用はいかに危険であり、疑問を持たない頭はサビていくということです。

注：

（1）「馬鹿考」（『東亜語源誌』、新村出、岡書院、昭和五年十一月）

義理の…

日本語には、「義理の父」「義理の母」という言葉があります。いずれも結婚相手の両親に対する呼び方ですが、私にはこの言葉は冷たく聞こえ、あまり好きではありません。「義」と「理」しかなく、大切な「情」を欠いているからです。言葉そのものは現実的で人間関係の本質を適切に表しているかもしれませんが、気持ち的には寒く感じられます。人と人の関係である以上、やはり「情」は欠かせないでしょう。「情」を持って付き合えば、「義理」も「情」に変わるはずだと思います。逆に、「義理だ」と思いながら付き合えば、本来自分の中にあるはずの「人情」に気が付かず、「人情」が「義理化」されてしまうのです。どうも、結婚相手の両親との関係は、「義理」という表現に規定されてしまい、「お義理で付き合えばいいのよ」「義理の範囲内で付き合わなければならないよ」などのようなメッセージが聞こえてきます。「情」があっても、「余計」なもので、出さなくてよい、あるいは、「情」を出したら、かえって「ルール」違反になり、変わり者だと思われてしまいそうに感じます。

一方、中国語は表現が違います。先ず、夫と妻とで、それぞれ相手方の両親に対する呼称が異なっています。夫は、妻の両親を、〝岳父〟〔yuè fù〕〝岳母〟〔yuè mǔ〕、〝丈人〟〔zhàng ren〕〝丈母（娘）〟〔zhàng mǔ（niáng）〕と呼びます。ここで、〝父〟〝母〟の前にある〝岳〟と〝丈〟は、いずれもプラスの意味を持っています。〝岳〟は、高い山の意味で（雄大というイメージを持つ）、〝丈〟は、長さの単位で、十尺（約三・三m）に当り、丈、尺、寸という三つの単位の中で最も長い単位であるので、年配男子に対する尊称にも用いられたのです。つまり、〝岳〟も〝丈〟も、どちらもスケールが大きいということで、相手を高くする気持ちが窺えます。

妻は、夫の両親を、〝公公〟〔gōng gong〕〝婆婆〟〔pó po〕と呼びます。〝公〟は、年配の男子に対する敬称です。「公爵」「公侯」「王公大臣」「太公」「叔公」「師公」などの表現で立証することができま

す。そして、〝婆婆〟は、辞書を調べた結果、幾つかの意味があるのがわかりました。

現代中国語の中では、①「夫の母」②「祖母」（方言）という意味しかありませんが、時間をさかのぼって見れば、意味が豊かだったのです。『漢語大詞典』（漢語大詞典出版社、一九九五年二月）によれば、次のような五つの意味があったようです。

①老年婦人に対する尊称。②祖母。③お母さん。④夫の母。⑤妻。

以上の解釈によって、従来中国語の中では、夫の母に専用する表現がなかったことがわかります。言いかえれば、①～⑤の中に含まれている者は、〝婆婆〟という同じ表現を共有しているわけです。この共有によって、夫の母は先ず一般論上の一人の老婦人として扱われ、敬意を与えられます。次に、嫁の祖母か母と同じように扱われることができます。もしくは、妻が夫の母を自分の母か祖母と同じように扱わなければならないと、求められているとも言えます。決して「義理」上の付き合いではありません（古い時代では、義理上の付き合いは、社会的、家族的には許されないし、個人的には考えられないことです）。

とにかく、日本語の「義理の…」という表現は、少しでも人情が漂う言葉に変えられたらと願います。

なお、「情」は「義」と「理」の内、「情」がなければ「義」と「理」も果たせない、また「情」も「義」と「理」を用いてコントロールすべきだと思う方がいるようですが、確かにその通りだと思います。ただし、ここで言う「義」「理」「情」は、同じ水平面上におけるそれぞれ独立の存在として、お互いに相対しながら考えるものだと限定しています。(1)

注

(1) 日本の友人から感想が寄せられました。「この場合の「義理」は、血縁以外の者が血縁と同様の関係を結ぶことを言います。つまり、親戚関係の中で血縁でないことを一般的にさし示す言葉がこの「義理」なので、中国語の「岳父」や「丈母」のような個別の「親族呼称」と比較するのは適当とは言えないでしょう。また、結婚相手(男女の区別なし)の父母を呼ぶ特別な言い方が現代日本語にはなく、自分の両親を呼ぶ呼び方と同じにします。親族呼称は民族や文化によってずいぶん異なるようですが、日本語より中国語の方が分節化が進んでいるようです(例えば「伯父」「叔父」「舅父」「姑父」「姨父」などを日本語はふつう区別しません。「いとこ」の父親はすべて「おじ」。同様に「いとこ」の母親はすべて「おば」です)。なお「義理」は「いやいや、本心に反して」の意味ばかりではなく「義理がたい人」のような肯定的な意味にも用い、さらにとくに近代に入ってからは、世を被う露骨な拝金主義への批判として「義理人情」(ここでは義理と人情は一体です)を対置することもありました。冷たい表面的な「義理」ばかりでなく、個人関係の信義を重んじる暖かい「義理」もあるのです」。

自由席と指定席

「自由」という言葉は誰でも知っています。「自由」とは?・となると、大きな論題になってしまい、一語二語でまとめられる話ではないのですが、求めている人や時（代）、環境などによって、その内容が違ってくると思います。とにかく、世の中、自由がほしくない人はいないでしょう。

他人のことはよく知りませんが、自分を振り返って見れば、求める自由はやはりそれぞれに内容がありました。

例えば、中学一年生のころは〝越劇〟〔yuè jù〕（浙江省における主要な地方劇の一つ）に夢中になり、激しい勉強の競争から解放され、好きなように〝越劇〟を聞き、歌い、演じる「自由」を求めていました。高校に進学し、中学時代と同じ「自由」を求めつつも、一日も早く両親から離れ、自宅から遠く離れたどこかの学校に入り、「監督」のない自由な生活を送りたいというのが、高校生の私が求める「自由」でした。やがて大学に入り、家から遠く離れてはいなかったけれども、寮生活だったため、ある程度の自由がありました。その時、つまらない授業が減り自由にやりたいことがやれたらというのが、大学生の私が求める「自由」でした。そして、日本に来て、貧乏な留学生だったころは、お金を自由に使える「自由」を求めていました（自由に桃と西瓜を食べることができるぐらいのレベル）。さらに、ただ今求めている自由とは、やはりもっと自由に日本語を使えることですね。

話がつい横道にそれてしまいました。要するに、「自由」というものは誰もが求めることなので、言葉そのものは、プラス的な価値を備えているというのが、言いたいことです。「自由」とよく並んで使われているものに、プラス的意味を表す「平和」「民主」「解放」などの表現もあります。

また、「指定」というのは文字通りそれとさし定めることです。束縛され、好きなようにできないというイメージがあり、「自由」と反対の意味が聞こえてきます。そこで、プラス的な意味を持つ「自由」に対して、「指定」はマイナス的なイメージを備えていると言えます。

このような「自由」と「指定」に対する世間一般の認識を持って、日本語の「自由席」と「指定席」という言葉を見れば、妙に不思議に感じます。「自由席」と言えば、文字上から解釈すれば「自由に坐れる席」です。「自由に坐れる」なら、何処でも好きなように坐われ、指定される「指定席」よりもちろんよいと考えるのは当然です。

ところが、事実はそうではありません。「自由席」は「指定席」よりたくさんの不自由があります。例えば、まず車両が限定されています。また、満員の心配があるので、席を取るために早めにホームで並ばなければなりません。マイペースに行動することができないのです。さらに、満員の場合、坐れない時があります。結局、値段のことを除き「席」という面で見れば、「指定席」の方が良い席だと誰でも認めていることです。しかし、「いい」席にマイナス的なイメージを備える「指定」と名付け、他方「よくない」席をプラス的なイメージを備える「自由」と名付けているのは、おかしくて不思議に思うところです。漢字の国から来ている中国人には、わかりにくくて混乱や誤解が生じやすいのです。

中国語では、「自由席」を〝散席〟〔sǎn xí〕と言います。〝散〟[1]は、「散らす」、「ばらばら」、「まとまらない」というマイナスのイメージがありますので、一番良くない席の名としたのです。

また、「指定席」は、中国語ではこれという決まった言い方がありません。汽車なら、〝软席〟〔ruǎn xí〕(一等寝台)、〝硬席〟〔yìng xí〕(普通寝台)、〝软座〟〔ruǎn zuò〕(クッションのきいた柔らかい席)、〝硬座〟〔yìng zuò〕(スプリングのない座席)というふうに、席の「質」を明示します。船も同じです。〝一等舱〟〔yī děng cāng〕〝二等舱〟〔èr děng cāng〕〝三等舱〟〔sān děng cāng〕〝四等舱〟〔sì děng cāng〕〝五等舱〟〔wǔ děng cāng〕というふうに、船室のラン

クをはっきりと表しており、誤解や混乱を起こしにくいのでしょう。

なお、英語では〝free ticket〟という言い方があります。文字通り訳せば、「自由なチケット」になります。「自由に乗車する」、「乗り放題」というふうに解釈しがちですが、ご存じのように、「ただのチケット」の意味です。自由はここで「ただの」、「無料の」意味になっています。

「自由」という言葉は、各国でそれぞれ特別な意味を持っているようです。この点から言えば、「自由」は本当に自由ですね。

注：

（1）散：A〔sǎn〕。

①ばらばらである、散らばっている。〃松散〃〔sōng sǎn〕、締りがない。〃书散了一地〃〔shū sǎn le yí dì〕、本が床に散らばっている。
②半端である、まとまっていない。〃散装〃〔sǎn zhuāng〕、ばら積み（をする）。
③粉末。〃散药〃〔sǎn yào〕、粉薬。

散：B〔sàn〕。
①散る、散らばる、分かれる、分散する。〃烟消云散〃〔yān xiāo yún sàn〕、雲散霧消する。〃客人散了〃〔kè ren sàn le〕、客が引き揚げた。
②散らす、ばら撒く、撒き散らす。〃散传单〃〔sàn chuán dān〕、ビラをまく。
③払いのける、押しやる。〃散心〃〔sàn xīn〕、気晴らしをする。
④〈方〉やめさせる、解雇する。〃工厂不能随便散人〃〔gōng chǎng bù néng suí biàn sàn rén〕、工場は勝手に人を解雇してはいけない。

――『中日辞典』、小学館、一九九六年四月より

なお、「傘」は、中国語では〃sǎn〃と発音し、〃散〃のAの発音と全く同じことから、贈り物として遠慮されています。〃散〃の「ばらばら、分かれる」という意味を連想させるからです。

女流作家

かつて、修士論文の「張愛玲は中国四十年代の女性作家である」という日本語を、「張愛玲は中国四十年代の女流作家である」というふうに訂正されたことがあります。「女性」から「女流」への訂正でしたが、「じゃ、「男性作家」なら「男流作家」というのか」と、つい考えてしまいます。もちろん、言わないのです。「女流作家」の他に、「女流文士」、「女流文学」、「女流画家」、「女流棋士」などがあるようです。

このように「女」に「流」をつける言葉は、差別しているように聞こえます。中国語には〝女流之輩〟〔nǚ liú zhī bèi〕という言葉があり、「女のやから」という意味で、蔑視のニュアンスがはっきりしていますが、現代中国語の中では、女のことを〝女性〟と言い、〝女流〟を使わないのです。

何故「女流作家」、「女流文士」、「女流画家」、「女流棋士」、「女流文学」と言うのに対して、「女流教師」、「女流社員」などを言わないのか。それは作家や画家というのは、本来男性がなるものだという意識があったからだそうです。男性中心的な社会システムが言葉に反映していると思われます。

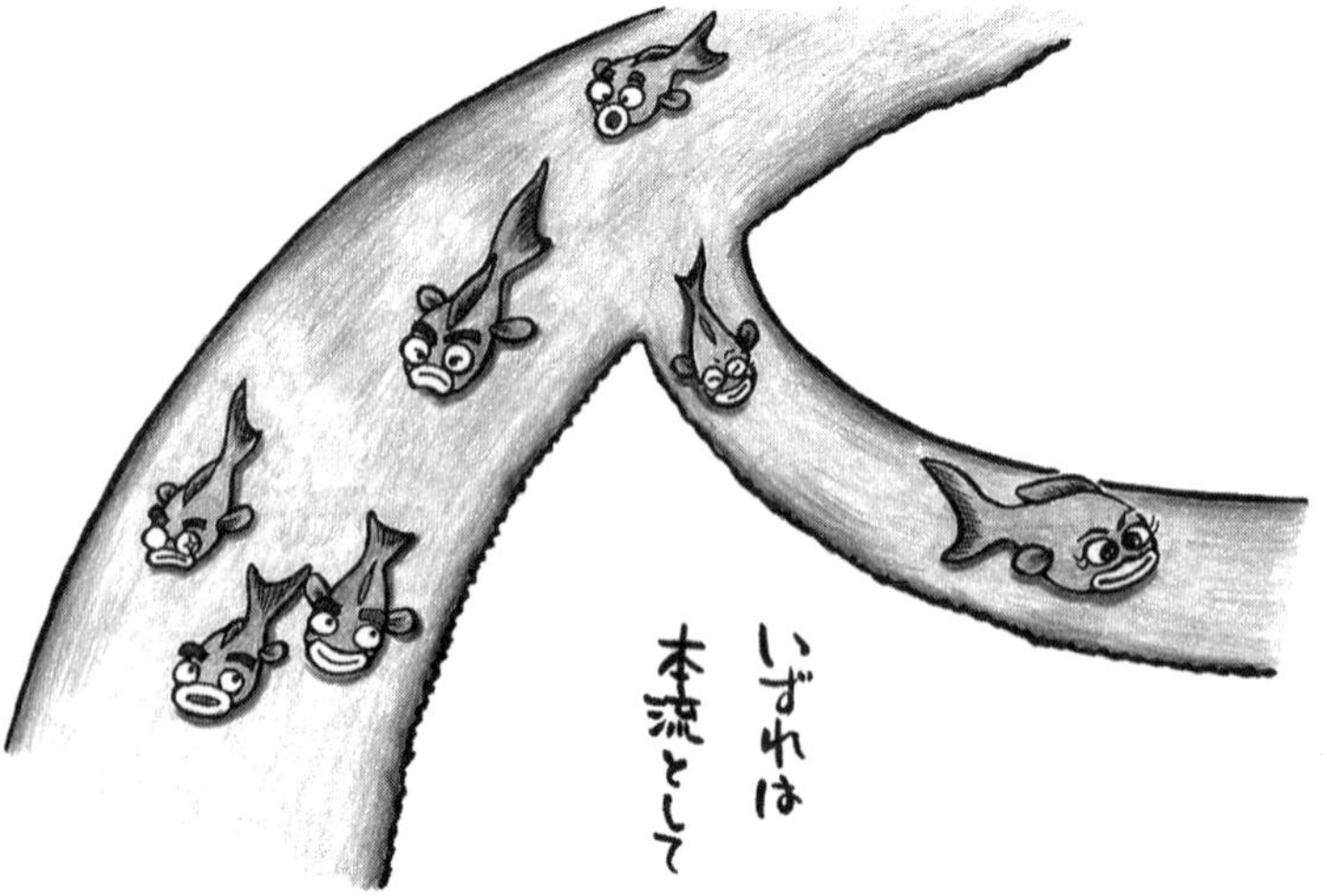

元法政大学教授の田島陽子氏は、「女」偏の漢字（嫉、妬、姦、娼、嫌、奸、妖、婬…）のほとんどは、悪い意味を持っているという現象から、漢字の女性差別意識に反発し、漢字を作り直そうと主張したことがあります。とても素晴らしい考えだと思いますが、実現するのは無理に近いという気がします。「女流」のような差別用語から着手した方が、より実行性が高いのではないでしょうか。

なお、最近、〝女记〟〔nǚ jì〕、〝女款〟〔nǚ kuǎn〕、〝女学〟〔nǚ xué〕は、新しい中国語として知られています。〝女记〟は、女性ジャーナリストの意味で、〝女款〟は、大金を持つ女性のことです。〝女学〟は、女性教育の意味です。『中国婦人報』（十月二十七日）には、〝改革・開放の波が押し寄せ、女性が様々な挑戦と向い合う新しい歴史的条件の下、湖南省の政界、経済界、文化、教育、芸術界の数多くの女性達は、女性自身の教育に目を向け、「女学」の設立、女性文化研究のブームを興した〃(『現代中国情勢用語――中国をよむ辞書2』、国際語学社、日原きよみ他、一九九六年十二月、一一八頁から転引)とありました。

この三つの新しい中国語は、男女平等の中国では、いずれも、女性に対する敬意を表していると理解してよいかと思います。

保護者

高校で三年間、中国語を教えたことがあります。ある日、「今週の土曜日に、保護者会議がある」と知らされた時、〝「保護者」って、どんな者？〟と分からなかったのです。漢字の意味から推測し、〝たぶん、地域の未成年者保護組織の人だろう〟と解釈しました。しかし、土曜日の会議に参加しにきたのは、生徒達のご両親（お母さんの方が圧倒的に多かった）でした。とても驚きました。

中国では、保護者を〝家长〟（jiā zhǎng）と言います。〝家长〟は、文字通り一家族の主人という意味です。『墨子《ぼくし》』（1）〝天志〟編の〝若處家得罪於家長、猶有隣家所避逃之〟（もし家で〝家长〟の気にさわったら、隣の家に逃げることもできます）が、〝家长〟の最も早い例だと言われています。もちろん、当時は父親のことを指していたのです。ただ、一九四九年十月一日、中華人民共和国が成立し、毛沢東が女性の地位は男性と同じと主張してから〝家长〟は父親と母親両方を指すことになりました。

日本と中国の親子関係の違いが「保護者」と〝家长〟という言葉に示されているではないかと、考えられます。日本の「保護者」は民主的に感じられ、中国の〝家长〟は独裁的に思われます。

また、この二つの言葉から、両国の社会価値システムの違いを窺うことができると思います。

周知のように、中国は儒教の国です。儒家の観点の一つは、人々は自分の存在すべき〝位置〟を理解し、さらに自分の行動をその〝位置〟にふさわしくさせれば、社会秩序を保障できるというのです。

孔子は、家庭の道徳教育は社会全体の道徳教育の基本という考えを持ち、〝君臣関係〟、〝父子関係〟、〝夫婦関係〟、〝兄弟関係〟、〝朋友関係〟という〝五倫〟（五つの倫理観）を主張しました。この五つの倫理関係の中で、三つは家庭にかかわっているのです。

そこで、家庭は全ての道徳の基点となり、「家族制度」は社会組織の基本単位と定められています。全ての社会価値システムは「家」の「育化」（enculturation）と「社化」（socialization）を経て、個人に伝わります。また、最も主張された道徳行為が〝忠孝〟の観念です。〝忠〟は臣が君に対する道徳基準で、〝孝〟は子が親に対する道徳基準です。家庭では「孝」の観念が極端に強調され、最高の道徳とされていたのです。

したがって、〝孝〟は人々の内在的な良心となっており、儒家道徳価値の外在的な判断標準ともなっています。「孝」に求められる基本的な行為の一つは「服従」です。家では父親そのものが絶対的権威であって、たとい父親が非理非道であっても、子は父親に絶対に服従しなければなりません。従わなかったら「不孝」とされ、社会に認められないのです。所謂《いわゆる》〝父母之命〟という言葉は、〝孝〟に対する最も適切な注釈だと思います。さらに、中国語の中に文化と宗教を代表する〝教〟という字さえも、〝孝〟偏に使役を表す〝攵〟と構成されています。つまり、〝孝をさせる〟という意味です。孝道を論じる『孝経』[2]には次のような一節があります。

子曰：〝君子之教以孝也、非家至而日見之也。教以孝、所以敬天下之為人父者也。教以悌、所以敬天下之為人兄者也。教以臣、所以敬天下之為人君者也。〟

訳すと次のようになります。

子曰く：君子の教ふるに孝を以てするや、家ごとに至りて日ごとに之を見るに非ざるなり。教ふるに孝を以てするは、天下の人の父たる者《ひと》を敬する所以なり、教ふるに悌を以てするは、天下の人の兄たる者《ひと》を敬する所以なり、教ふるに臣を以てするは、天下の人の君たる者《ひと》を敬する所以なり。

つまり、君子の教育は「孝」にあり、「孝」を教えることによって、天下の「父」たる者に敬意を持つことができます。「悌」（年長者に心から仕えること）を教えることによって、天下に「兄」たる者に敬意を持つことができます。「臣」を教えることによって、天下の「君」たる者に敬意を持つことができる、という意味です。

〝家长〟という言葉は、正にこのような儒教思想にコントロールされた封建家父長制と専制君主制の下で、誕生した言葉と思われます。

一方、日本の場合、「家長」という言葉もあったようですが、使わなくなりました。『続・現代死語事典』（朝日ソノラマ、大泉志郎他、一九九五年十一月）の中に、「家長」の姿を見つけました。

一家の首長。家や家族の頭《かしら》となって統率する者が家長で、旧民法の規定では戸主であり、戸籍筆頭者である。現在のわが国では、民法の規定によって、個人の尊厳と男女の本質的平等を基礎として夫婦本位に家族が構成される。したがって言葉のうえからも、家長はなくなった。

また、『平凡社大百科事典』では、「保護者」については、次のような説明があります。

未成年者を監護・教育する法律上の義務をもつ者をいう。法律によっては現に監護している者を含めていう場合もある。文明の定義をおいている法律に、学校教育法（一九四七年公布）、児童福祉法（一九四七年公布）、少年法（一九四八年公布）がある。…戦前の明治民法旧規定の下では、学校との関係で子を監護・教育する義務ある者について〈父兄〉の語が用いられてきた。それは、親権は父に優先性をおく〈単独親権〉であり（八八七条一項）、また家督相続によって長兄が戸主となり戸主権をもってその家を統率することの反映であった。戦後の民法、教育法規の下では、〈父兄〉という言葉は存在の根拠を失い、代わって〈保護

者〉という表現が用いられることとなっている。

日本語の「家長」「父兄」から「保護者」への変化は、言葉が使われる時代と社会の特色を反映していると思われます。

二十一世紀の現在、中国の〝家长〟という言葉を変えるべきではないか、と思っています。

注：

（1）書名。春秋戦国時代の学者墨翟《ぼくてき》（尊称墨子、紀元前四六八～紀元前三七六）とその学派の学説をしるした書物。兼愛・非攻・節用・非楽などの編が名高い。

（2）書名。孔子がに説いた孝道が書いてあります。曽子の門流の著。

東西南北

日本語に「東西南北」という言葉があります。しかし、中国語では「東南西北」と言うのが普通のようです。つまり、四つの方向を言う順番が違うのです。なぜこのような違いがあるのかと、ずっと気になっていました。

日本人の方に尋ねたら、「さあ、どうでしょう。よくわからない」と、思った通りの返事がほとんどでした。中国人の方に尋ねたら、〃这有什么好奇怪的、差不多、都一样〃〔zhè yǒu shén me hǎo qí guài de. chà bu duō. dōu yí yàng〕（こんな事って、おかしく思う必要があるかい？ ほとんど同じだ）と、不思議そうな顔をしながら、返事をくれるだけでした。「考えすぎたかな？」とあきらめました。しかし、もし「東西南北」と「東南西北」が同じであれば、なぜ「東西南北」は「トウザイナンボク」と発音するのに、「東南西北」は「トウナンザイボク」とも「トウナンサイ

ホク」とも発音せず、「トーナンシャーペィ」と発音するのか？ やはり、不思議で不思議で、調べることにしました。

実は、「東西南北」という言葉は古くから中国語の中で存在し、『左伝《さでん》・襄公《じょうこう》二十九年』に最も早く見られたのです。ただし、方向を示すのではなく「四面八方」、「いたるところ」の意味です。現代中国語でも、同じ意味を表しています。

「東南西北」について、資料によれば、古代の中国では、風水思想が大変重んじられ、皇帝が王城を築くとき、必ず天文博士に天意をうかがわせ、城内に入ってくる邪気を見張り、これらを見破るために東南西北に限って通路を開き、それぞれに門衛を置いていたというのです。それは、東に青竜神、南に朱雀神、西に白虎神、北に玄武神という四神です。東方の霊気は青竜神が見張り、陽気が南方に入ると朱雀神に引き継いで、さらに西方に移ると白虎神が受け、やがて陰気が満ちる夜となると北方の玄武神が守るというのです。要するに、二十四時間体制で「朝昼暮夜」という順に四神が守ってくれたのです。このように、四神のお蔭で、城内の繁栄と安全を図ったというのです[1]。

また、古代中国では、色や四季も四神に配することにしたようです。色の方ですが、東は青竜神の青、南は朱雀神の赤、西は白虎神の白、北は玄武神の黒に配し、それに中央にいる皇帝は黄と決めたのです。この「青・黄・赤・白・黒」という五つの色は〝五色〟と言い、古代中国人はこの五色を原色として取り扱っていたようです。そして、四季も色と結びつけられ、春は青（青春）、夏は赤（朱夏）、秋は白（白秋）、冬は黒（玄冬）と名づけられたのです[2]。

それで、中国人の「東南西北」という順番は四つの原色につながり、春夏秋冬という四季の自然の順番と一致することがわかります。要するに、自然の秩序は、中国人が物事の秩序を決める基準の一つとなっているのです。中国人からすれば、日本語の「東西南北」は「春秋夏冬」、「朝暮昼夜」となり、ちょっと不思議（不都合）な気がします。

ところが、中国語の中の〝東西〟〔dōng xī〕という言葉は、方位詞として方角の東と西を意味するばかりではなく、「物」を示す意味もあります。ただし、このときは〝dōng xi〟（〝西〟は軽声）と発音します[3]。

さらに、宋代（九六〇〜一二七九）以後になりますと、〝東西〟は単に物事だけを示すのではなく、いろいろな会話の場面の中で、いろいろな感情的なニュアンスを生み出しました。例えば次のようなものがあります。

〝这老東西〟‥この老いぼれめ。憎い気持ちを込めています。

〝你这小東西真可愛〟‥こいつは本当に可愛らしい。可愛らしさを表しています。

〝你真不是東西〟‥本当に憎い奴だ。

宋代、東西はまた酒杯や酒の意味もあったそうです。〝玉東西〟という言い方があり、玉製の酒杯のことです。今はこの意味はもう使われていません。

ちなみに、〝南北〟は「人」の意味を持ったことがあると、高校の国語の先生から教わったことを覚えています。その先生は〝南来北往〟という語彙の意味を解釈する時、「人々が南に行ったり、北に行ったりし、あちこち歩き回ることから、人の往来が盛んでにぎやかな様子だ。だから、昔、〝南北〟は〝人〟を示す意味もあった」と言いました。さらに、一つの例も教えてくれました。「ある男はとても素敵な人だが、お金がありませんでした。彼は自分のことを〝好南北、無東西〟と言ったらしい。ここの〝南北〟は自分のこと（人）を指し、〝東西〟はお金（もの）を意味する」とのことです。この話の根拠を調べた結果、『辞源』（全二冊、商務印書館、一九九五年五月）にあります。

なお、現代中国語では〝南北〟は単なる方向詞で、「人」を示す意味はありません。

注：

（1）「牌楼（パイロウ）について」、googleのhttp://www.chinatown.or.jp/faq_html/faq5.html

（2）①「色（色）のお話」、googleのhttp://www.joy.hi.ne.jp/kotonara/irono.html

②「色彩空談」（『東亜語源誌』、新村出、岡書院、昭和五年十一月）では、次のように述べて

います。

青黄赤黒白をこの順序に五色とたてたのは支那でのことで、システムとしてはなかなか趣味が深い。…支那人の想像力の富贍なことは言ふまでもないことであるが、五色を季節方位、五行に配列した所などに至ってはよほど面白く思はれる。青を春に配し、東方に配し、黄を中央に配し、赤を夏に配し、南方に配し、火に配し、白を秋に配し、西方に配し、金に配し、黒を冬に配し、北方に配し、水に配してある。この配合の仕方は、日本人独特では蓋し能くせなんだ所であらう。この配合は種々の事柄に伴うて起って来るので、先づ五帝を四郊に祭るとて、東に青帝を祀り、南に赤帝及び黄帝を祀り、西に白帝、北に黒帝を祀ることとしてあり、又天子社廣五丈、東方青、南方赤、西方白、北方黒上昌以黄土、将封諸侯、各取方上云々（史記注）ともある。

（3）いつから、方向を表す〝東西〟は、物を表す意味になったのでしょうか？ 大体二つの意見に分かれます。

①『辞源』（全四冊、商務印書館、一九九九年十二月）、『辞源』（全二冊、商務印書館、一九九五年五月）、『大漢和辞典』（大修館書店、平成八年一月）は、『南斉書』の「豫章王《よしょうおう》嶷《ぎ》伝《でん》」にある〝疑謂レ上曰、南山万歳、殆似二貌言一、以二臣所レ懐、願一陛下極二壽百年一。上曰、百年復何可レ得、止得二東西一百一、於レ事亦済〟という言葉から、「東西」は、「物」の意味を持つようになったと、解釈しています。

『南斉書』は正史の一つであり、南朝・梁（五〇二～五五七）の蕭子顕《しょうしけん》が書いた南朝・斉（四七九～五〇二）の歴史を記録した本です。全五十九巻あり、本紀八巻・志十一巻・列伝四十巻から成ります。上記の言葉の中の「嶷」は、南朝・斉の武帝の時（四四〇～四九三）、大司馬を務めた蕭嶷《しょうぎ》のことです。言葉の意味を訳してみれば、次のようになります。即ち、〝蕭嶷は、武帝に（次のように）言いました。陛下は、南山の寿に比べられるほど万歳と祝われていますが、これはたぶん嘘だと思います。僕なら、陛下は百歳までと願います。武帝は、百歳まで生きるか、ただ七八十歳まで生きることができたら、十分だと言いました〟というのです。ここの「東西」は、七八十歳の意味になっています。

なぜ、東西は七八十歳の意味を持ったのか？　実は、当時（南朝・斉）、銅銭の替わりに鉄銭が大量に作られたため、お金の価値が下がった一方、物価が上がりつづけ、買い物に行く時、車両でお金を積まなければならない状態に陥ったそうです。ですから、お金は「東銭」、「西銭」、「長銭」という三種類に分けられました。破嶺《はれい》（地名）から東の地域では八十銭で百銭に値し、「東銭」と言い、江郢《こうえい》（地名）から北の地域では七十銭で百銭に値し、「西銭」と言い、都内では九十銭で百銭に値し、「長銭」と言うのです。ここで、武帝は「東銭」と「西銭」のことを借り、比喩したわけです。つまり、百歳までは難しいし、「東銭」のように八十、「西銭」のように七十までで十分だというのです。

要するに、ここの「東西」はもう方位詞ではなく、「東銭」と「西銭」のことを指しているので、広い意味から言えば、お金も「もの」のうちですから、「東西」は「もの」の意味を持ったという考えです。

②『漢語大詞典』（漢語大詞典出版社、一九九五年十一月）では、違った見方を持っています。「東西」は〝「七八十歳」を指す〟と。〝「物」は四方に産し、略して東西と言い、古代では財産のことを指していた。後、各具体的なものが、抽象的な物事を意味することになった〟というふうに分けて考えています。よって、「東西」が、「もの」の意味を持った最も早い例は、『南斉書』の「豫章王嶷伝」ではなく、『唐会要《とうかいよう》』の「逃戸」[3]篇の〝所在逃戸、見在桑田屋宇等、多是暫時東西〟という一句です。ここの「東西」は、財産を指しています。『唐会要』は（九六〇～一一二七）の王溥《おうふ》が書いた唐代（六一八～九〇七）の文物・故輿服《よふく》・官号などの九類に分けて記した書です。

個人的な意見としては、①の方が適切だと思います。「東西」という言葉のそのものが「七八十歳」という意味を持つのではなく、「東銭」と「西銭」を指したのです。ここでいう「東西」の本意は「東銭」と「西銭」にあり、「七八十歳」という意味がその本意から生まれたわけです。言葉の意味は本意に従って判断すべきだと思っています。

なお、〝東西〟に「もの」の意味を持たせた理由は、上記の諸辞典が同じように解釈しています。

①「物」は四方に産していること。

②四季の春夏秋冬の〝春秋〟を用いて年月を表していること。

年賀状

日本には年賀状を送る習慣があります。中国には〝贺年卡〟〔hè nián kǎ〕を送る習慣があります。どちらも書状での新年の挨拶ですが、日本と中国ではずいぶん違いがあります。

①送る相手が違います。

中国人は、日本人のように大勢の人、特に平素連絡をあまりしていない人に送ることはしません。せいぜい、親しい友人や親戚、自分の恩師、上司などに送る程度です。

②挨拶の言葉が違います。

中国人は、〝新年快楽〟、〝新年好〟、〝恭喜発財〟（商売繁盛、お金持ちになることを祈る）、〝恭賀新禧〟（明けましておめでとうございます）、〝身体健康〟、〝学習進歩〟、〝工作順利〟（仕事順調）、〝万事如意〟（万事が思い通りに）などのような「純祝福」の言葉だけを使いますが、日本の年賀状に愛用される「昨年はお世話になりました」、「今年度もどうぞよろしくお願いします」のような「準祝福」になる言葉は使いません。

③年賀状そのものが違います。

中国の年賀状は、葉書様式ではなく、綺麗なカードで、日本より「豪華」です。

④届く日が違います。

中国人は、元日に届くことにこだわらず（努力しようとも思わない）、年末年始の十日間の間に送るのが最も一般的です。

かつて、各国（アメリカ、ドイツ、フランス、イタリア、イギリス、スペイン、オーストリア）から来ている同僚の先生に、年賀状を送る習慣を尋ねたことがありました。結局、どの国も中国式に近く、日本のような年賀状の送り方はしないようです。つまり、日本人の年賀状の送り方は独特だと言えます[1]。

ここで、①と②の違いが特に気になります。なぜなら、この二点は日本人の人間関係の特徴を表していると思えるからです。

日本人の付き合いは、中国人の目から見れば、どうも「薄い」という感じがします。「トマトに塩をかける」（一五六頁）の中でも触れますが、日本人の人と人の間に置かれた「間《マ》」の平均は、中国人の平均よりずいぶん広いと思います。その原因は、忙しさのほか、他人に対する遠慮、無関心にあると思います。しかし、一方、日本人は誰よりも他人を気にし、人間関係を大切に思う傾向を持っています。日本語には、「人目に立つ」、「人目にさらす」、「人目に余る」、「人目を憚《はばか》る」、「人目を盗む」、「人の口に戸は立てられない」、「人の噂も七十五日」などのように、人を気にする表現が多くあります。また、日常生活の中でもよくその傾向が見られます。電車やバスの中で、空き席に座る前に、その席の隣に座っている人に御辞儀をしたり、「すみません」を言ったりする日本人、教室や会場では、いつも前と真中の席を空ける日本人、一緒に外食する時、他人の注文をよく聞いてから、自分の注文を決める日本人…の姿を思い出すと、周囲の人々の目を絶えず気にする日本人像が定着してきます。日本での生活は、どこよりも「人間《ジンカン》」（人と人の間）で生きている実感を強く感じさせられます。ですから、日本人の付き合いの哲学は、つかず離れずと言ってもよいと思います。

「つかず離れず」を実行しますと、まず「間《マ》」を置きます。そして、たまには連絡を取ります。ですから、日本では年に一回、多ければ二、三回くらいしか連絡を取らない付き合いがよくあると聞きます。その一回の連絡は年賀状を送ることです。故に、日本の年賀状は新年の祝福を届けることのほかに、もう一つ大きな役割があります。つまり、人々は新年という機会を借りて、お互いの付き合いを保つのです。平素の不愛想で切れそうになっている「人間《ジンカン》」の糸を切れないようにします。

また、「昨年はお世話になりました」、「今年もどうぞよろしくお願いします」という標準的な年賀用語は、とても日本人らしい表現で、日本人の普段の付き合い方の特徴を反映していると考えられます。

日本人は「他人に迷惑をかけないように」と心掛けます。その結果、人に迷惑をかけないようにすると同時に、人に迷惑をかけられたくないと思います。また、積極的に人を助けることも少ないし、人からの積極的な援助も遠慮します。社会全体は遠慮の雰囲気に包まれ、礼儀正しく感じる一方、隔たりや水臭さも感じさせます。結局、お互いの助け合いは、「迷惑をかけないように」という心掛けの遠慮でなりたっているのです。

だからこそ、日本人はよく「お世話になりました」という感謝する言葉、そして「どうぞよろしくお願いします」という願望や依頼する言葉を口にし、その隔たりや遠慮臭さを言葉で「カバー」します。

日常生活の挨拶だけではなく、新年の祝福を贈る時さえ「チャンス」を逃さないのです。日本人は人と初対面の時「どうぞ、よろしくお願いします」という挨拶をしますが、中国人も欧米人もこのような表現をしません。そのかわりに〝认识你很高兴〟〔rèn shi nǐ hěn gāo xìng〕という表現を使い、英語の〝I'm glad to see you〟の意味に相当します（〝初次见面、请多多关照〟〔qǐng duō duō guān zhào〕という表現は、日本人が使う「初めまして、どうぞ、よろしくお願いします」という挨拶を、中国語にしたものです。『あ、知ってる中国語――常用ファイル50』相原茂、東方書店、二〇〇〇年十月に詳しい）。

実は、本当にお世話になったかどうか、本当にお願いすることがあるかどうかを問わず

謹賀新年
新年好!!
よろしく
お願い
申し上げます

に、「お世話になりました」、「どうぞよろしくお願いします」という表現が、日本人の間では使えるようです。ですから、「お世話になりました」は、感謝する気持ちを表すというより、相手を立てる気持ちの方が大きいかと思います。また、「どうぞよろしくお願いします」は、願望や依頼を表すというより、自分を安心させるための謙虚さと理解した方がよいのではないかと思います。

少なくとも、この二つの言葉を書くと、私はいつもなんとなく安心します。一応「感謝」も「お願い」もして置きましたから、どうやら助けてくれそうという気持ちになります。

注：

（1）この点について、日本人の友人が次のような感想を寄せてくれました。「巨視的にみれば、人類社会の正月は、冬至すぎか立春のあたりと相場が決まっているので、新正月にも春節にも根拠があります。ただ、クリスマスカードと年賀状はいちおう区別しておいたほうがよいでしょう。日本人は年賀状が元日に配達されるように郵便制度を整えましたが、元日に届けるために旧年のうちに新年のお祝いを述べなければならないという不都合が生じました。今後は、ネット上の電子年賀状がこの居心地のわるさを解消してくれるようになるかもしれません」。

習慣篇

遠いか、遠くはないか？

日本人に道を尋ねました。「遠いですか」と最後に聞きました。「さあ、歩くのはちょっと…」と返事してくれました。言葉のニュアンスから判断すれば、歩くのはちょっと遠くて無理だという意味でしょうが、どうせ運動不足ぎみで、ちょうどいい運動になると思い、歩くことにしました。しかし、三十分ほど歩くつもりにしていましたのに、十五分もかからずに目的地に着きました。「あれ？ もう着いたの？ どんなに歩くのかと思ったのに、これくらいの距離なら、遠いうちに入らないわ」と驚きました。

日本人と中国人の距離に対する感覚の差に気が付きました。このような「距離感覚差」から、両国の人々の日常生活の様子、さらに人々の性格の違いを窺うことができると思います。

車の普及、電車や地下鉄などの交通手段の多様化により、日本人は出かける時、それらの交通手段を利用するのがほとんどで、あちらこちらに行くのは比較的に便利でスッと行けるのです。でも、もし歩くことにすれば、いつもより時間がかかり遠く感じてしまいます。また、歩く習慣が身に付いていないため、ちょっと歩くと疲れ、遠いと感じがちなのだと考えられます。

中国の場合、自家用車はまだ普及していないし、日本のような電車はまだ走っていません。地下鉄の本数も多くありません。バスと自転車が一番身近な交通手段ですが、歩くのも「手段」のうちと思われています。昔は歩くことを〝11〟番バスに乗るという表現もありました。立っている二本の足が数字の〝11〟に見えるのを喩えた表現です。中国人はよく歩きますので、あまり距離を感じないわけです。

でも、距離や時間というのは絶対性と相対性をもっています。同じ距離でも、元気のある時と元気のない時とでは感じ方が違いますし、一人で歩く時と二人で歩く時も違いがあります。時間も同じです。家でお茶を飲んだりテレビを見たりしながらお客を待つ時間と、手術室の外で手術の終了を待つ時間の長さは違うはずです。これは状況による心情の違いです。逆の場合もあります。同じ状況で人を待つ二人がいるとします。Aさんは五分待って焦り始め五分間を長く感じるのに対して、Bさんは十分待っても平気だということがあります。これは性格による状況の二重性です。これらは距離や時間の長さの相対性と言えます。

同じ距離に対して、日本人は「遠い」と思い、中国人は平気だと思うことから、何が考えられるでしょうか？　日本人と中国人の性格の特徴が表われているのです。日本人より中国人の方が平均的に気が長いようです。歩き方によって日本人か中国人かが見分けられるとよく言われています。そうですね、ゆっくり歩く方は中国人で、急いで歩く方は日本人だと判断すれば、だいたい当ります。そのほかもいろいろと見られますが、最も典型的なのは朝公園でゆっくり太極拳をしたり、ゆっくり気功をしたりする中国の風景だと言えます。

一方、日本人はせっかちで、なんでも速く・早くします。歩くのも速い、食べるのも速い、計画を立てるのも早い、とにかくのんびりしていられない傾向があります。ですから、少し歩くと、目的地になかなか着かないと思い、遠く感じてしまいます。日本料理屋、寿司屋で壁に次のような文字を掛けているのを見かけたことがあります。

「気は長く、心は丸く、腹を立てず、口を慎み、命長かれ」という長命の願いを込めています。「気は長く」を一番前に置くのは、そのことの大切さを強調する意を表しているのでしょうが、日本人の気の短さを裏から読むことができます。

内山完造氏は『中国人の生活風景』（一九九四年九月、五七頁）の中で次のように言って

鬼ヶ島なら
11番バスで
行けるよ
鬼ヶ島行
11
えー
じゃあ
きんと雲
出してえ

います。

日本人と中国人を比べてみると、日本人の気短いということが非常に目立つ。中国人は気の長い人間である。この原因に、両国で普遍しておる桃太郎（日本）と西遊記（中国語）とが考えられる。桃太郎話と西遊記とは、その構想は同じである。桃から生れ、犬と猿と雉とをつれて、鬼ヶ島を征伐して金銀財宝を占領して帰るという全く軍国主義であって、しかもその話の特色は、桃太郎の年や、鬼ヶ島の距離、征伐の時間など少しもない。一口にいって、時間と空間のない話である。時間と空間がない、それより短いものはない。この話で育てられてきた日本人の短気は、まことに効能百パーセントを立証しておるものである。ところが、西遊記となると、石から猿が生れ、玄奘三蔵という僧侶がたしか三十六歳の時に、猿とブタと竜という動物をつれ、インドのフダラカ山へ行く。旅程十万八千里、往復に十四年の日子を費やして仏典を貰うて帰るという、文化財を目的とした話であるが、チャント時間と距離などがはっきりと書いてある。当然のことであるが、桃太郎と比べて、それは一つの相違点である。こうした話の中で育ってきた中国人が、気が長いということは必然的であると思う。

日本人の皆さん、気を長くして中国人と付き合いましょう。そうしなければ、苛立つことが多くなります。また、中国人の〝不遠〟を言葉通りに理解すれば、大失敗に陥る可能性が高いです。三十分も歩かされるかもしれないのです。どれぐらいの距離かを知りたければ、〝大概要走多长时间〟〔dà gài yào zǒu duō cháng shí jiān〕（だいたい何分くらい歩きますか）と尋ねた方が賢いと思いますよ。

ノックする

授業で〝敲〟〔qiāo〕（ノックする）という中国語を教えた時、学生に次の質問をしました。

「ノックで、日本人か中国人かを当てることができます。そのポイントは何でしょうか？」

教室は「えー」と不思議な声が上がり、学生達は興味津々に答えを考えたり、相談し合ったりして、いろいろと答えてくれました。

「中国人は日本人よりノックする音が大きい」。

「中国人は日本人より速くドアを叩く」。

「中国人はブザーがあっても鳴らさず、ドアを叩く」。

「中国人はノックしながら、尋ねる人の名前を呼ぶ」。

「日本人はノックしてから、すぐドアのノブをガチャガチャと鳴らす」。

とても面白く考えてくれましたが、どの程度の音が「大きい」で、どの程度の速さが「速い」という基準がないので、音の大きさと速さで判断するのは難しいのです。また、ブザーを鳴らすかどうか、ドアのノブをガチャガチャとするかどうかも、人によってさまざまなので、日本人と中国人を聞き分けるポイントにはなりにくいと思います。

実は、そのポイントはノックする回数にあります。中国人（日本の習慣に染められた中国人を除く）のほとんどは三回つづけて叩くのに対して、日本人のほとんどは二回つづけて叩くのです。ですから、ノックする回数によって、日本人か中国人かを判断でき、当たる率は九十％以上だと自信を持って言えます。中国人はどうも「三回」というのが好みなようで、ノックだけではなく、日常においても「三回」でなければ済まないことをよく見かけます。

例えば、御馳走してもらう時、「お代りは?」と聞かれたら、九十九％の中国人は遠慮のため〝不要了、已经饱了〟〔bú yào le, yǐ jing bǎo le〕（いいです、もうお腹一杯になりました）と答えます。この場合、勧める側は必ずもう一度〝再来点儿〟〔zài lái diǎnr〕（もうちょっと）と勧め、勧められる側ももう一度遠慮して〝真的饱了〟〔zhēn de bǎo le〕（本当に一杯になりました）と答えます。しかし、勧める側はさらにもう一度勧めることにし、勧められる側は〝那就再来点儿吧〟〔nà jiù zài lái diǎnr ba〕（じゃ、もう少しいただきましょう）とようやく勧めに応じます。とても面倒臭いようですが、だいたい三回のやり取りを経ます。

一方、相手の気持ちを尊重し、相手に無理をさせないようにという考えを持つ日本人は、中国人のような勧め方をしないのです。「おかわりはどう?」と勧め、「やあ、いいです」

と言われましたら、さらに勧めることをしないのが一般的です（酒を飲む時は少し違うようですが）。中国人にはちょっと冷たく感じられます。初めて日本人に御馳走してもらった時の一食は、中国式の遠慮をしたため、お腹が一杯にならず、家に帰ってインスタントラーメンを食べたことをいまだに覚えています。

また、お土産などの受け取り方も、日本人と中国人は異なっています。日本人の多くは「あ、嬉しい！　いただいていいの」、「あら、悪いですね」などと言いながら、「遠慮なく」受け取ってしまいますが、中国人の場合は、最初の勧めに対して、必ず断ります。そこで、また勧める⇅また断る、さらに勧める⇅受け取るというふうに、やはり「三回のやりとり」を演じます。激しく行ったり来たりする時、喧嘩のように見えます。「あれ、変だよ！」と思う日本人も少なくないようです。

なぜ中国人はこういうふうにするのか？　現在ＮＨＫテレビ中国語の講師をしておられるお茶の水大学教授の相原茂先生は、『中国語の学び方』（東方書店、一九九九年十月）の中で、「断り表現の日中比較」についていろいろと詳しくかつ面白く述べておられます。このような「あげる・いらない」をひとしきりやり合うのが文化と心得ているわけで、一種の「儀式」だと言うのです。つまり、礼儀のためこのような「儀式」を行うわけです。さらに、先生は下図で表し、次のようにわかりやすく解説をしています。

まず中国のほうですが、Aさんは相手に対する好意や誠意、これをストレートに表明します。私はあなたのために誠意を尽くしています。これを表現します。すると、この誠意攻撃を受けたBさんは、防御の姿態を見せます。

Aさんの誠意がストレートにBさんに向けられる、だからこそ、バリアを張り、防御の姿態がとれるわけです。

次は日本のほうです。日本ではAさんは、Bさんの気持ちを考え、決して誠意をストレートに出しません。相手の心理的負担が大きくならないように、遠慮がちに誠意をしめします。…「これ私要らないので、よかったら貰ってください」のように遠慮がちに表します。Bさんのほうは、Aさんのそんな気持ちを「察して」これに応じます。

以上の図、Bさんのほうからながめれば、「防御」の中国語、「察し」の日本語となります。

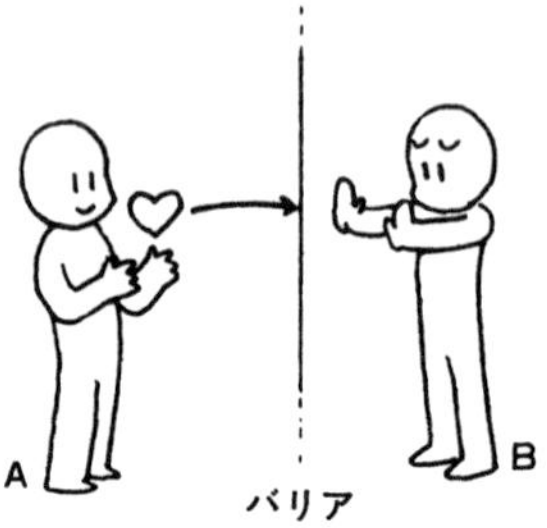

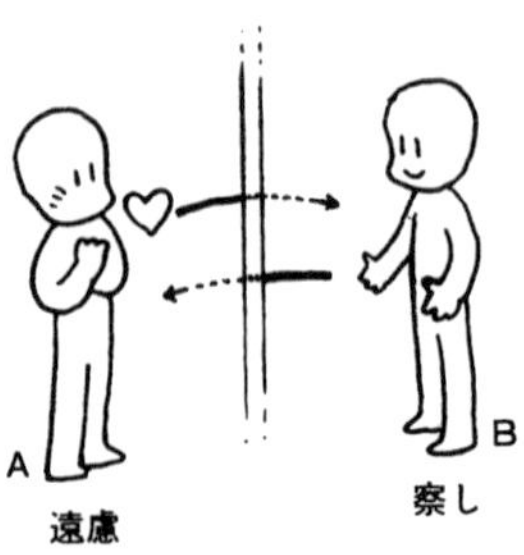

相原先生の分析の通りだと思います。プライドが極めて高い中国人にとって何より面子《メンツ》が第一で、他人から物をもらうのはどうも自尊心に害があると考えているようです。ですから、自分のプライドを保つために何回も断ります。これは中国人が他人の好意をすぐに受け入れず、先に「防御の姿態」を取る第一の理由と考えられます。要するに、何回もやり取りすることで、相手にできる限り自分に対する誠意を表現させ、自分の面子を立てます。一方、あげる方は、何回も断られることによって何回も勧めなければならなくなります。この何回も勧めることが相手のために自分がどれだけ誠意を尽くしたのかを表すよいチャンスになります。ですから、中国人にとってはこのような「断り」の儀式がなければ話になりません。

「中国人の三回のやり取り」は一昔前の日本の風景でもあり、今でも田舎ではその片鱗が残っているのだそうです。速くなった生活リズムに乗っていかなければならない現代人は、ゆっくりと「三回のやりとり」をやる暇もなくなったのでしょう。経済の成長に伴って忙しくなった今の中国では、「三回のやりとり」の風景が見られなくなって、日本と同じようにアッサリしてくるのでしょうか。

話が遠まわりしてしまいました。ノックする〝三回〟に戻りましょう。なぜ中国人は三

回するのかと聞かれると、ちょっと困りますが、周りの他の国から来ている先生に尋ねてみても、ほとんどの国が中国と同じく三回ドアを叩くようです。ですから、「なぜ日本人はノックする時、二回するのか？」が問題になり、興味深く思います。

答えは簡単だと思います。日本人は他人のところに訪ねていくことは、相手に迷惑をかけることになると考え、遠慮をするのです。ですから、できればこのような迷惑をかけないようにしますが、どうしても訪ねて行かなければならない時、やはり遠慮の意を込めて、ノックする回数をできるだけ少なくするのではないかと考えられます。訪問者にとって一回はちょっと頼りがなさそうで、中にいる人に聞こえたかどうかという心配があります。三回ならちょっとときつそうで、中にいる人に対して失礼だという遠慮があります。ですから、真中の二回がちょうどいい程度なのでしょう。

一方、中国人は日本人と全く反対の考えを持っています。つまり、人のところに訪ねていくことは、その人に対する礼儀だと思っています。有名な〝三顧の礼〟の話は、中国人のこのような考えを裏付けることができます。三国時代、蜀《しょく》の劉備《りゅうび》が諸葛孔明《しょかつこうめい》を軍師として招かんとして、その草庵を三度も訪ね、礼を尽くして頼んだというのです。ですから、何度も足を運んで訪ねることは、相手に礼を尽くすことになるのです。「三度も訪ねられて、よっぽどのしつこい奴だ！」と日本人は思うのでしょう。

このような考え方の違いがあるので、中国人は、日本人のように遠慮をせず、ノックする時も三回叩くのでしょうか？

隅っこの席

教室に入ると、数人の学生が既におり、みな一番後ろの隅っこの席に坐って真中と前の席が空いていました。教室だけではなく会議や講演会などの会場でも、真中と前の席がいつも敬遠され、先に埋められるのはいつも後ろと両端の隅っこの席です。とても不思議なことだと思います。

中国ではこのような現象はめったにありません。先に着いた人から、前と真中の席を選んで坐るのが普通です。なぜなら、前と真中の席はよく見えて、よく聞こえて、いわゆる「良い席」だからです。この「良い席」を他人に譲る必要はなく、この「良い席」を取るために早めに来たのです。これが中国人の一般的な考え方です。だから、日本人の席の選び方をとても不思議に思うのは当然です。「なぜ日本人はこのように席を選ぶ傾向があるのか？「良い席」を他人に譲るためであるのか？」と疑問を持ち、学生に聞いてみました。

「他人に譲る気はないけれども、自分が目立ちたくないから」

と答えた学生が一番多かったのです。

「板書が見にくかったり、発音が聞き取りにくかったりしても大丈夫？」という質問に、ほとんどの学生は「別に」、「大丈夫」と答えました。「板書が見にくかったり、発音が聞き取りにくかったりしても「大丈夫」って、学生は何のために授業に出るのか？」と、さらに驚きました。

日本人はよく他人の目を気にし、目立つことをできる限り避けます。席を選ぶことに限らず、日常生活の中でも同じようなことによく出会います。例えば、何人か一緒に食事をする時、できるだけ同じ物を注文します。会社では、似たような色やデザインの背広を着用します。

授業でも、このような現象をよく見かけます。一人がわからないと答えましたら、他の人も次々とわからないと言います。本当に皆がわからないかと後で尋ねると、そうではないようです。目立ちたくないから、わかっていても「わからない」と答えることにするそうです。成績に対する考えも「人並み」主義で、上位の者がかえって仲間外れにされることもあります。

また、日本人はよく「前例がない、だからダメだ」と言い、「例外」を作ることを極力避けようとします。しかし、そのいわゆる「前例」も、それ以前にはなかったことから作られたものです。「前例」はかつて作られたものなので、必ずしも今の新しい事情に対応できるとは言えないのです。いつも「前例」に束縛されると進歩がなくなると思います。と言っても、他人の目を引く行動を遠慮する日本人は、特に「例外」を作りたがらないようです。

中国では日本より柔軟性が見られ、「前例」に手足を縛られることが少ないのです。「前例がないけれども、必要があれば「例外」を作りましょう」と判断することがよくあるのです（あまりにも「柔軟」すぎて、ルールが乱されてしまうケースもありますが）。

中国人の多くは小さい頃から「周りの人よりすぐれ目立つように努力しなさい」と言われて育つので、常に競争意識に伴われながら一番かできるだけ上位を目指して生きようとします。友達は「友」でもあり、ライバルでもあります。中国語ではよく次のような表現を用いて人を誉めます。

〝小王是班里的尖子〟〔xiǎo wáng shì bān li de jiān zi〕（クラスで王さんの勉強はぬきんでている）。

〝小孔的学习成绩很抜尖／冒尖〟〔xiǎo kǒng de xué xí chéng jì hěn bá jiān ／ mào jiān〕（孔さんの成績はずば抜けている）。

ここの〝尖子〟、〝抜尖〟、〝冒尖〟は、いずれも〝尖〟が付いています。〝尖〟は、物の先が「尖っている」という意味から、「プラスの意味で目立つ」、「いちだんとぬきんでている」、

という意味に転じています。そうしますと、中国では、〝尖〟＝プラスの意味で目立つ＝優秀、抜群なのです。日本人と全く違った人生観を持っていることがわかります。

〝尖〟の人物になるために、中国人は競争し合いながら一生懸命努力し、自分のグループ内での成績順位や、リードしているかどうかが気になります。努力する他に、目立とうとするため、目立つ行動を好みます。はっきりと自分の意見を言い、できる限り他人と違ったやり方をし、できるだけ目立つところに自分の身を置くようにするなどのやり方がありま す。会議、講演などの会場では、内容をよりよく聞くために前や真中の席を選ぶだけではなく、会議や講演の中心人物に注目してもらいたいという、もう一つの願いもなんとなくあるようです。

前や真中よりもっと目立つところと言えば、高い

「台」の上だと思います。人は高い「台」の上に立つと、注目の的となり、目立つようになるのは言うまでもありません。よく注意すれば、中国語の中では「舞台」の「台」の付く言葉がとても多いのです。「官僚となる、または政権を取る」喩えは〝上台〟〔shàng tái〕と言い、反対に「失脚する、官職・地位を失う、政権を離れる」ことを喩えをする時〝下台〟〔xià tái〕と言います。また、「台無しになる。失敗する」のは〝倒台〟〔dǎo tái〕であり、「失敗させる。土台をぐらつかせる」のは〝拆台〟〔chāi tái〕と表現します。そのほか、〝出台〟〔chū tái〕（公然と顔を出して活動する喩え）、〝前台〟〔qián tái〕（公開的の場で…）、〝后台〟〔hòu tái〕（バック、頼り、後ろ盾）など、いろいろな「台」があります。さらに、舞台で歌う時の「調子」の「調」に付く言葉も少なくありません。例をいくつか上げてみましょう。

同调〔dóng diào〕志向や主張を同じくする（人）。
走调〔zǒu diáo〕調子がはずれる。考え方や行動などがはみ出している喩え。
老调〔lǎo diào〕いつもの論調、古い言いぐさ。
论调〔lùn diào〕論調。
步调〔bù diào〕足並み。足並みをそろえよう。

情调〔qíng diào〕ムード、気分、情緒。
色调〔sè diào〕色合い、トーン。
唱高调〔chàng gāo diào〕（実際にできもしない）大きな話をする。大口をたたく。
唱反调〔chàng fǎn diào〕（わざと）反対を唱える。反対の行動を取る。
旧调重弹〔jiù diào chóng tán〕古い理論・主張などを再度持ち出す喩え。
野调无腔〔yě diào wú qiāng〕（言葉遣いや行いが）ぶしつけである。
阵词滥调〔chén cí làn diào〕古臭くて中身のない言葉。
油腔滑调〔yóu qiāng huá diào〕軽薄で誠意のない話しぶり。

中国人にとって、人生は舞台のようなものです。自分がどのような舞台に立つことができるかが、大きな人生の課題です。多くの人は、ずっと高い舞台に立って、好きな「調子」で唱い、自分の人生を華やかに送ることを望んでいるようです。しかし、それは不可能に近いのです。人の一生において、ずっと「台」の上に立つことはかなり難しいことです。ある時は、「台」の上に、またある時は「台」の下に、そしてある時は「台」の裏に立たざるを得ないのです（立ったほうがいい時もあります）。ですから、中国人はその「台」というものをとても気にするのです。

中国語では、このような言葉もあります。「有权不用、过期作废」〔yǒu quán bú yòng. guò qī zuò fèi〕（権力を持って使わなければ、期限を過ぎると無効になる）というのです。上に述べたように、中国人は「官僚となる、または政権を取る」喩えをする時〝上台〟と言います。つまり、「台」の上に立つことは権力を握ることを象徴します。しかし、「台」の上に立ちたいという強い願望を持つ多くの中国人は、「台」に立つ者は一日も早く「台」から下りることを望み、決して長く「台」に立つことを喜びません（ただし、日本の首相のように一年や二年ごとに変るということもありません）。もちろん、すでに「台」に立っている者もこのような「事情」をよく知っており、自分が「台」の下に送られるのは、遅かれ早かれのことだと感じています。ですから「台」に立っているうちに権力を使い果たそうとするのです。

要するに、「他人より優秀」で「抜群にできる」、これが一般的な中国人の生き方の根本にあると言えます。「他人より優秀」、「抜群にできる」ようになるため、中国人は正当な努力をする他に、人と人の間で互いに腹を探り合って暗闘することも、日本より多いようです。その渦巻きの中に巻き込まれないようにするのは大変難しいことです。

サンダルとスリッパ

サンダルとスリッパは、中国語ではどちらも〝拖鞋〟〔tuō xié〕と言います。〝拖〟は①「引く、引っ張る」、②「(体の後ろに) 垂れる、垂らす」、③「(日時を) 引き延ばす、伸び伸びにする、遅らせる」という幾つかの意味がありますが、よく連想されるのは③の意味で、どちらかと言えばマイナス的なイメージを持っています。〝拖〟が付いている表現には、ほとんどよい意味がありません。例えば

拖把：〔tuō bǎ〕(床を拭く) 棒ぞうきん (汚いものにつながる)。
拖拉：〔tuō lā〕ずるずる引き延ばす。〝拖拖拉拉〟とも言う。
拖延：〔tuō yán〕遅らせる。
拖沓：〔tuō tà〕(仕事が) だらだらとしている。はかどらない。
拖欠：〔tuō qiàn〕(借金を) 長く返さない。返済を延び延びにする。
拖累：〔tuō lèi〕足手まとい。妨げ。
拖后腿：〔tuō hòu tuǐ〕(喩) 後ろから足を引っ張る。邪魔する。

拖拉机：〔tuō lā jī〕トラクター。仕事が遅くて、だらだらとしていることを喩える。

拖油瓶：〔tuō yóu píng〕連れ子。連れ子のある再婚。女性についていう。（軽蔑した言い方）

拖尾巴：〔tuō wěi ba〕尻尾は後ろに垂らす。問題は後回しにされ、徹底的に解決しない。仕事などを綺麗に終わらせないことを喩える。

拖泥帯水：〔tuō ní dài shuǐ〕（話や文章が）だらだらとして、簡潔ではない。

以上から、中国人は「拖」に対してマイナスの価値を持っていることがわかります。〃拖鞋〃と呼ばれているサンダルとスリッパは、正式な場や仕事場では不真面目、いい加減、だらしがないと思われます。サンダルとスリッパにこのようなマイナス的イメージを持ったから、〃鞋〃（靴）に〃拖〃をつけ、〃拖鞋〃としたと考えられます。思い出してみると、小さいころ、中国の映画館の入り口に〃背心、拖鞋禁止入场〃〔bèi xīn, tuō xié jìn zhǐ rù chǎng〕（ランニングシャツ、スリッパ・サンダル入場禁止）という看板が置かれていたこともありました。

最近、サンダルとスリッパのデザインはお洒落になって、若者を中心に人気を集めファッショナブルだと思われているようですが、日本と違い、仕事場では履けません。

三、四年前、勤めていた日本の高校では、土足禁止で、校内ではスリッパに履き替えなければならないという校則さえありました。「仕事場でスリッパ？　冗談ではないか？」と、とても抵抗がありました。さらに、正装にスリッパの教員達（自分も含め）の姿、制服にスリッパの学生の様子もとてもおかしく感じ、真面目なはずの学校の雰囲気がスリッパによって崩されてしまったような気もしました。

なぜ、何でも真面目で、会社でスーツ・ネクタイをキチンと決めている日本人が、サンダルやスリッパを仕事場で履けるのかと、考えてしまいました。決して、日本人がサンダルやスリッパを正装だと思っているわけではないと思います。正式な場では、あるいは自分の所属以外の公的なところでは、サンダルやスリッパを履かないからです。

日本人はよく「ウチの会社」と言います。つまり、「会社＝ウチ」という意識を持ち、「会社人間」になっています。多くの日本人にとって自分の生活の中心は会社です。彼らは人生の大部分の時間を会社で送り、精神的な支えも会社から求めようとします。会社は日本人の人生の主な舞台と言えます。そのため、日本人は強い所属意識を持つようになりました。日本人の自己紹介の台詞は、このような所属意識をはっきり表しています。「初めまして、朝晩新聞のWです」のように、名前の前に必ず自分の所属を言うのが特徴です。中国やアメリカ、他の多くの国はこのような所属付きの自己紹介をしないようです。ですから、仕事場は日本人にとって公的な場所でもあり「私」的な場所でもあります。公的な場所だからスーツにネクタイのような正装をし、「私」的な場所でもあるから家にいるようにサンダルとスリッパを履くのです。

ナレーション：

この一篇を書き終わってから、『身辺の日本文化』（講談社学術文庫、多田道太郎）という本を手に入れました。中に面白いことが書いてあり、少し紹介したいと思います。

私たちの場合には裸足というものが価値をもっているのです。なぜでしょう。九州の宮崎県に鵜戸《うど》神社という神社があります。これは女の方が子種を授かるようにお祈りをするようになっていますが、そこが洞窟になっていて、その洞窟から水滴がポクポクとたれて、それが乳房みたいになっている。そこへ入る直前に橋があって、そこで靴を脱いでください、下駄を脱いでくださいと昔は書いてあった。お百度参りもそうです。脱ぐのです。脱いで神と直結しないといけないというのが、私たちの神様に通じる気持ちですから、裸足というのがいちばん尊い形になります。

そういうわけで、畳の上を裸足で歩くというのがいちばんソーヴァージュであって、しかもいちばん高級なことなのです。

日本の家には三つのレベルがあります。一つは土間《どま》、そのつぎは板の間、そのつぎが畳の間です。畳の間がいちばん上等な間であります。

なぜなら、そこにそれぞれ住んでいる神様、仏様がいて、違うわけです。土間に住んでいる神様はかまどの神様、火の神・水の神、荒神《こうじん》様。板の間に住んでいる神様は土着のその土地土地の神様。畳の上になりますと高級な神様であったり、あるいは仏様であったりする。ヒエラルキーがある。

というのは、私たちは靴を脱いだときに、ちょっと上等のところへ行くという感じがするわけです。そして裸足になったとき、もっとも高いところに行く。これはヨーロッパ人にはわからないパラドックスです。靴を履いているときがいちばん下等だというと、フランス人は激怒しますけれども、われわれは裸足のときがいちばん上等なのです。

その中間地帯に板の間がありまして、どうしたらいいのだろうと、日本人はいろいろ明治以来悩みまして、その結果、スリッパというものを発明しました。外国にも室内ばきというものはありますが、日本のスリッパは、やっぱり独創だと思います。旅館へ入るとズラーッとスリッパが並んでいて、アメリカ人などまごまごするわけです。どうしてこんなものまた履くのだろう。パッと履いて、そのまま畳の上に行こうとすると、いや、いけません、と怒られる。あわてて脱ぐ。今度トイレに行くと、トイレにまた、スリッパが置いてあるでしょう。どうなっているんだろうと、こう思うわけです。

しかし、ひじょうに重大な文化に三つあって、一つは靴の文化、それから裸足の文化、真ん中にスリッパの文化、そして便所も、これは特別の場所だからスリッパが置いてある。こういうのはすべてソーヴァージュの文化です。ソーヴァージュでしかも高級な文化です。こういう面白い文明のパラドックスをつくってきたわけです。

よく勉強になりました。しかし、職場で履くスリッパも以上のような「高級文化」に関連があるのかどうか、まだ疑問に思っています。

二人の傘

降ったり止んだりする梅雨の季節が参りました。夕方頃、どしゃぶりの雨が降り出しました。幸い傘をあちこちに置くことにしていましたので、ぬれねずみになることを免れましたが、早足で私の側を通り過ぎる一人の女性に気が付きました。薄着の彼女は傘がなかったのです。「こんな強い雨の中で、きっと風邪を引いてしまうわ」と思い、「もしよければ、ご一緒にどうですか」と、つい声をかけました。

しかし、思いがけない返事が返ってきました。彼女は驚いた（怯えたかも）表情で「あ、いいいい――」といいながら、走り出して雨の霧の中に姿を消しました。

残された私は「余計な世話をしたなぁ」とがっかりしていました。好意が拒まれたという寂しさに抱かれながら、日本人はなぜこのように他人の好意を受け入れにくいのかと、考えてしまいました。

日本人は、基本的に他人に迷惑をかけたくないという意識を強く持っているようです。小さい時から「人に迷惑をかけないように」と言われて育ち、人に迷惑をかけているかどうかが行為評判の基準の一つとなっています。

ですから、授業中に寝たり授業以外のものを読んだりする学生を注意すると、「人に迷惑かけていないのに、何で寝ちゃだめなの」と堂々と言う学生が少なくありません。ほとんどの日本人の先生も、「人に迷惑をかけているかどうか」を基準にして、学生の行為を評価します。「人に迷惑をかけていないから、仕方がない」という言葉は口癖のようです。実は「人に迷惑をかけていない」が、授業の雰囲気には迷惑ですし、教える側の気持ちにも迷惑になっていると言えます。

そこで、どのような行為なら人に迷惑になるか、「迷惑」の基準を規定しなければなりませんが、本編の主旨ではないので、ここでは触れません。

さて、なぜ日本人はそこまで人に迷惑をかけたくないのか、あるいはなぜ「人に迷惑をかけないように」と気をつけるのか？　二つの理由が考えられると思います。

第一には、人に迷惑をかけることは悪いと思うので、遠慮する。

第二には、人に迷惑をかけられたくないという考えで（人に迷惑をかけられることを恐れている）、人に迷惑をかけないように気をつける。

以上、二つの理由のうち、第二の理由の方が、人に迷惑をかけたくないという日本人の本心により近いと感じます。「人に迷惑をかけないように」という心がけは、日本人の優しさでもあり冷たさでもあるように思います。

一方、中国人の場合、文頭のようなことに遭いましたら、「すみません、傘に入れてもらえませんか？」と自らお願いする人も少なくありません。日本人と極めて違うのがわかります。中国人は基本的に日本人より気軽に人に頼み、また容易に人の頼みを受け入れるのです。相原茂先生は、著作『中国語の学び方』の中で、次のように述べています。

中国人は違います。むしろ積極的に人に何かを依頼する、頼みます。それは悪いことではありません。人に迷惑をかけることは、その人を頼りにすることです、むしろ関係を構築することにつながります。そもそも人を頼りにするということは、その相手を高く評価

していることに他なりません。頼まれた方も嬉しい。…これは「人を頼る＝迷惑をかける＝人との縁をつくる＝相手を尊敬する」という、われわれとはまったく逆の価値観によるものではないかと思います。

本当に中国人の考えをよく理解した上での鋭い分析です。実は中国人は人に頼む時、少なくとも三つの気持ちを持っています。①自分が困っている。②あなたに助けてもらいたい、頼りたい。③いつか是非私にも何かを頼んで下さい。ここの第③の気持ちに注意してもらいたいと思います。

中国人は何か人に頼んだ時から、その人にも頼まれたいという気持ちを持っています。頼まれたくて仕方がない人もいます。なぜなら、ものを頼まれないと、自分は相手にとって役に立たない存在か、相手に友達と思われていないのかと思い、寂しくなるのです。さらに、もしかしたら相手は二度と頼んでこないというメッセージを送っているのではないかと考えてしまい、二人の関係が難しくなります。ある意味では、人に頼みに行く時、いつか逆に頼まれる（迷惑をかけられる）ことを恐れない勇気が必要だと思います。日本人は、そのような「勇気」を持っていないために、最初から人にものを頼まないようにするのでしょうか。

なお、人に助けてもらいたいから、人を助けるのは「動機が不純だ」と言われるかもしれませんが、お互いに助け合うことによって、よりうまく生きていけるようにという考えは、積極的でプラス的な行動であるとも言えます。容易に人に頼んだりする中国人は、人に迷惑ばかりかけていると思われやすいですが、人と人が肩寄せ合って生きていくところに「人情」というものを感じているのです。

日本人の「人に迷惑をかけないように」という心がけは、人と人の間に隔たりを作っているように思います。

中国人の遅刻

「中国人は時間を守らないものだ！　その上、遅れてきても、謝ることさえせず、遅れた理由（口実）ばかりを言う」という不満を持つ日本人が多いようです。

確かに、日本人と比べ、中国人の時間に対する認識には「クッション」があります。バスや列車などの延着率は日本より高く、待ち合わせの時間をキチンと守る人も極めて少なく、十分から三十分ほどの遅れは「遅刻」のうちに入らないと思う中国人も少なくありません。この十分から三十分ほどの余裕は常識にもなっているようです。

ここで、このような「常識」の「形成」を見てみたいと思います。

人々は集まりに行くため、自分の時間を犠牲にしなければなりません。約束の時間に間に合わせるため、勉強や仕事など、今何かやっていることをやめて行くわけです。しかし、やめるのは、切りのいいところならやめてもよいのですが、切りの悪いところならなかなかやめられません。ですから、「切りのいいところまでやってから家を出よう」という考えが、遅れる理由の一つとなっていると言えます。

また、中国では日本のような交通の便利さがありません。日常生活の範囲は、遠くても

バスで行けるところまでがほとんどでした。自転車で学校や仕事場に出かける人が最も多いのです。日常の生活の範囲が狭いからこそ、普通は時間を守り易いと思うでしょうが、自転車やバス、歩くことが主な手段となっていたために、時間通りに行けなくなります。人口巨大な中国ではバスがすいていないので、乗れずに次のバスを待つことは日常茶飯事です。自転車や歩く場合は、道中、知り合いに会って挨拶をしたり、立ち話をしてしまったりすることも珍しくありません。

このように何が起こるのかわからない事情があるので、時間に間に合わせるために急いでいたら事故に遭いやすいと考え、安全の立場から「焦らず、ゆっくりと行こう」という心がけを持つようになりました。このような心がけがあるからこそ、約束した時間を少し遅れたりするのは常識になりました。

さらに、もし招待された場合、相手に十分な準備や休憩の時間を与えたいという配慮から、わざと遅れていきます。

以上の三要因から見ますと、中国人は決していい加減で自己中心的なのではありません。お互いに好意を持って、気を配っているのです。日本に来ている中国人はこのような中国の事情から離れたので、時間をきちんと守るようになっています。要するに、中国人は時間を守らないという「性格」を持っているわけではなく、ある特定の環境の中で時間を守らなくなっているのです。

約束した時間より、遅れて着くのは習慣になっていますが、先に着いた人は、「本当に来るかな?」「いつまで待ったらいいかな?」などと、やはり心配します。これは待つ方の一般的な心理です。そこで約束をする時、中国人はよく最後に〝不见不散〟〔bú jiàn bú sàn〕（会わなくても、その場を離れない→会うまで待つ）と言い、念を押すのです。これを聞きますと、待つ方は少し安心でき気を長くして待てます。

ここで、一つ不思議な現象があります。遅刻「好き」な中国人ですが、学生達は学校の時間をきちんと守ります。それに対して、時間をキチキチに守る日本人が学校の時間を守らないようです。先生はだいたいチャイムが鳴ってから五分か十分後に教室に入り、学生も遅れてくる者が多いのです。九十分の授業で三十分以上遅れてくる学生も珍しくありません。さらに、遅刻者は「悪い」と思わないのか、謝りに来る学生はほとんどいないし、遅刻した原因について何の説明もないのが日本の大学の傾向のようです。

学校は教育機関ですから、どこよりも時間を守らないといけないのではないでしょうか。しかし、日本の大学では時間を守ることに関して、どこよりも甘えがあるように感じます。なぜこういうふうになったのでしょうか。そして、改善はできないのでしょうか。「時間を守ろう」ときちんと教育をしなければ、学校を出て厳しい現実の社会にうまく対応できない社会人ばかり作り出してしまうのではと、心配します。

名前のあれこれ

『中国人的心態』（上海古籍出版社、一九九八年六月、楊淼《ようびょう》）の「〝野尻〟風波」という一篇を読み、驚いただけではなく、考えさせられました。

「〝野尻〟風波」には、次のようなことが書いてあります。

北京に「野尻眼鏡店」という名前の日中合弁投資のメガネ屋がありました。ところが、北京市工商局に命じられ店の看板を下ろしたのです。「野尻眼鏡店」という名前は登録ずみで法律的な問題はないのに、なぜ下ろされたのでしょうか？

原因は「野尻」という苗字にあると言います。日本人にとって、「野尻」は「自然の広い平地の後部」という意味になりますが、中国人は「野外の尻」と解釈するのです。

ですから、「中国の国の事情や民俗、民風に合わないので、誤解が生じやすく、視覚上での汚染をもたらす」という理由で、法律上に問題がないにもかかわらず、看板を下ろすように命令されたのです。

日本に長く滞在し、日本の生活や風習をある程度理解できる私は、この話を読んで「中国人はちょっとやり過ぎだな」と思った一方で、中国人の気持ちもわからないことはあり

ません。

日本と中国とは縁が深いというものの、文化や風習のギャップの大きさに驚き、お互いに理解し合えるまでの難しさをしみじみと感じています。

「野尻」の風波は、漢字に対する意味の理解の不一致から生じたものだと思います。

実は、中国語と日本語の「野」と「尻」の意味は完全に一致しているわけではないのです。

「野」については、中国語の方はどうも「野生的」「野蛮的」などのようなマイナス的なニュアンスが大いに入っています。それに対し、日本語の場合は、「自然の広い平地」「自然な」というプラス的なニュアンスが主として解釈されているようです。また、「尻」については、中国人は〝尻〟という字を見て、まず〝屁股〟〔pì gu〕（臀部）と〝屁〟（おなら）を連想するのがほとんどです。しかし、日本語の場合は、「尻」の意味がたくさんあり、「臀部」の意味がそれほど強くありません。

日本の漢字は中国から伝わってきたものですが、漢字の意味に対して、全てそのまま受容したわけではありません。その中、渡来する人、道、方法などによってずれて受容される場合があり、また受容されたものが異なった文化や風習の中で新たな意味を持つこともあります。

余談ですが、実は、私が小学校二、三年生のころ、父の改名騒ぎを経験したことがあります。それはあまりにも辛いものでした。

父の本来の名前は〝趙学孔〟でした。〝趙〟は姓で、〝学孔〟は名です。名の〝学孔〟は「孔子の思想を学び、孔子のような人間になる」という意味で、祖父が父に期待を込めてつけた名だと思います。しかし、一九六六年から一九七六年まで、約十年間続いた全国的な政治運動の「文化大革命」によって、儒教思想が批判され、大勢の知識人はひどい目にあいました。その恐ろしい政治運動の中で、父の名前は大きな問題になりました。〝学孔〟

とは、明らかに「文化大革命」の路線に反し、「反革命」的であると批判を浴びました。結局、父は〝学孔〟という名を許されず、〝学民〟（人民に学ぶ）に改名させられました。幸い、父の〝認罪〟（罪を認める）態度がよかったので、これ以上批判されませんでした。まさに、命がけの改名でした。

名前に対しこのような騒ぎがあるのは、ある意味では、人間の愚かさを感じさせます。

偶数と奇数

昨年の十月、一人暮らしと別れを告げ結婚することになりました。お祝いの金をいただきました。金額は一万円、二万円、三万円などでした。お祝いのプレゼントは食器が多くて、ほとんどは五つセットになっていました。このような奇数になっているお祝いは、中国ではありえないのです。

もともと中国の民間では陰陽二元説を信仰し、偶数は吉、奇数は凶とされていたからです。特に、結婚のようなおめでたいのお祝いを奇数で贈るのは考えられないことです。お祝い金なら二百元、四百元、六百元、八百元…となり、お祝い品なら必ず二つ、四つ、六つ、八つ…となります。また、縁起のよい飾り物として〝双喜字〟(shuāng xǐ zì)があります。「喜」という字を二つ横に並べて一字としたもの〝囍〟です。紅い紙を使ってこの〝囍〟を切り、必ず新婚の部屋のあちらこちらに貼ります。父と母は日本での私達の結婚式に出席しに来日した時、わざわざ違ったサイズの〝囍〟八つを持ってきて、私達の部屋に貼りました。和風と洋風の部屋に「中華風」の〝囍〟が貼られ、少し滑稽に見えましたが、最近、見慣れてきました。「和、洋、中」文化ミックスの模範ではないかと、自慢したい気分にもなっています。

中国人は日常生活の中でも、偶数の世界です。人の家を尋ねる時、日本と同じく手土産を持って行くのは礼儀ですが、奇数になっているものを渡さないのが日本と違うところです。お酒なら二本、お茶なら二箱、リンゴなら六つ、八つ…（中国人の感覚では、六つ以下はちょっと少ない）、或いはお酒一本とお茶一箱、リンゴとお菓子のように偶数種類にして持っていきます。他にもたくさんの例が挙げられます。宴会の時、一つのテーブルには少ない時で八人、多い時は十人か十二人が囲んで坐ります。料理の数も必ず偶数です。また、卵やリンゴのような一つ一つで数えられるものを買う時、無意識に偶数で買ってしまいます。セットになる商品は偶数でセットにしています。電話番号などの番号は偶数の方が圧倒的に人気があります…偶数は中国人の生活の至るところで「愛」されているようです。中国語の中では〝好事成双〟（hǎo shì chéng shuāng）と

いう言葉もあり、よいことは対になるという意味です。

少しさかのぼって見ますと、昔から〝対杖《たいじょう》〟(1)と〝対偶《たいぐう》〟(2)は詩の主な技法として、大変重んじられていました。このような発音の調子や言葉の意味を考えて対句を作ることは、詩の基本ともされていました。また、日本人におなじみの『三国志』、『水滸伝』、『西遊記』、『金瓶梅』などの中国古典章回小説は全て偶数の「回」(3)に分けられています。さらに、街の作りにも対称性が見られます。北京を例にしましょう。「天安門」と「地安門」、「天壇」と「地壇」、「日壇」と「月壇」、「東四門」と「西四門」、「東直門」と「西直門」、全て対称に作られています。中国人はこのような〝対称性〟を重んじていると言えます。

一方、日本人は奇数を好むようです。奇数は中国人の〝対称性〟の視点から見ますとアンバランスですが、「中央」性を持ってると思われます。例えば、「五」なら「二・一・二」というふうに、「七」なら「三・一・三」というふうに分けられます。このような「中央」視点から考えますと、奇数は決して「アンバランス」ではなく、調和性を持っているのです。つまり、奇数を好むことから日本人は「中央性」を重んじていることが考えられるのです。

実は、よく注意すれば、島国の日本そのものが「中央性」を持っていると思われます。日本はアジア大陸の東端に位置し、アジア大陸の「中央」になっていませんが、もしアジア大陸を基準にせず、日本を囲んでいる海を基準にすれば、日本は四面の海に囲まれ海の中央に位置すると考えられます。また、近世日本の城の作り方も日本人の「中央」意識を反映していると思えます。

城は敵を防ぐための軍事施設として築かれたものです。中世の城は山の上に築き、山下に居館をおいた簡単な施設でした。山の上に築かれた城は高く聳え、まわりから見れば一つの中心となるのに違いありません。近世の城は中世の戦いに使われた実戦的な城と違い、すでに実戦とは遠く懸け離れた過剰防備に陥り、単なる権威の象徴になったので、権力の絶大さを誇示する必要があります。そこで高い山を石垣で固め、その石垣の雛壇に櫓や城門を建て並べ、頂上には天高く天守を聳えさせます。城下から見上げられた時、その威圧感は大きく城主の権力の偉大さを思い知らせます。いわゆる本丸は必ず城のほぼ中央に聳えられ、二の丸や三の丸などがそれを取り巻いています。城全体は本丸を中心にして決して対称に作られていないのです。――『築城と攻城戦の天才・秀吉の城と戦略』(成美堂出版、一九八八年四月)を参考。

このように奇数と偶数に対する好みの違いから、日中両国の人々の審美観の違いを伺うことができます。日本人は「中央性」を重んじ、中国人は「対称性」を重んじるというそれぞれの審美観を持っているわけです。

ナレーション：

中国の城は堅い城壁が非常に高く築かれていて、その中が市街です。つまり、城壁で囲まれた都市と思えばよいのです。城内の家々は城外からは全く見えないようになっています。王宮や宮殿的建物が城内にもう一つ作られた城の中にあります。『平凡社大百科事典』では、次のような説明を行っています。

秦・漢時代、すでに城郭の民すなわち漢民族は、行国民（遊牧民族）と区別され、城郭は文化をもつ漢民族の象徴と意識されていた。中国の中では、城郭は都市と農村を分ける最大の標識として、政治、社会、財政など多くの面で区分の具体的な道具にも使われた。その最も古いものは第二次大戦後調査が進んだ河南省鄭州の殷代城壁である。鄭州では四面一七二〇～二〇〇〇mの長方形の土をつき固めた（版築）大城壁が前一五〇〇年以前に存在していた。…

戦国時代の城郭としては、燕の下都《かと》や斉の臨淄《りんし》などが発掘されているが、いずれも人居密集区の外に農地や墓地をも囲いこみ、一辺四km以上にもおよぶ広さをもつ。…国都や重要大都市を除き、大県周囲九里、小県周囲四里（一里は約四五〇m）の標準で城郭都市が数多く出現するのは戦国時代以後で、漢代には全国で約一五〇〇に達した（県）。概していえば、華北、華中のすべての州県治は城郭をもち、華南のそれ十一世紀以後は城郭を完備するようになっている。ただ宋代の例でみると城壁は堅牢になるが大きさは下中県では二、三里の小さいものが目だつ。……

城の形は、華北では方形、長方形が大部分で、山西や陝西では軍事上の必要から甕城をさらに強化、拡大した関城を設ける場合もあったが、華中や華南では円形、楕円形、不整形の城も目だつ。唐以後の国都やいくつかの大都市では二重、三重の城壁をもち、明・清時代の北京は四重の城郭を備え、内城（子城）、外城（羅城）など呼名も分かれている。城壁の周囲に濠をめぐらすことは軍事上必要であったが、華北ではとかく埋まりやすかった。ただ日本のように濠から城壁が直接たちあがる例はまれ。城壁は二十世紀に入って近代化を阻害するとしてしだいに撤去されて、人民共和国でも特別の都市を除き急速に消滅している。

注：

（1）詩や駢儷文《べんれいぶん》の修辞法の一つ。字音の平仄《ひょうそく》や字義の虚実を考えて対句を作ることです。

（2）対偶法。語格や意味などの相対した語句を用いて効果を強める修辞法の一つです。

（3）旧章回小説や講談の章節、くだり。『三国志』は一二〇回、『水滸伝』は一二〇回、一〇〇回、七〇回の三種、『西遊記』は一〇〇回、『金瓶梅』は一〇〇回となっています。

「四」の喜怒哀楽

日本人が「四」を嫌うことはよく知られています。例えば、病院や刑務所などでは特に「四」を避けているようです。

このような「四」に対する抵抗意識は昔からあったそうです。「し」という言葉を使わない賭をし、しびれを三びれ、一びれといって勝ったという日本昔話もあり[1]、また「四」を言うのを避けて、四千四百四十四を三千千、三百百、三十十、三一というふうに言う日本昔話もありました[2]。「四」という音から「死」を連想するので「四」を避けるというのはとても奇妙な感じがします。

「四」は中国語では〝sì〟と発音され、「死」〔sǐ〕の発音と比べ、声調が違うだけでとても近いのです。しかし、中国人（広東地方を除き）は、「四」を「死」に結び付けず、「事」という字の発音を連想します。「事」の発音は〝shì〟で、舌が巻き上がって発音するのが、「四」との違いです。さらに、「事」は〝事事如意〟（万事がおもいどおりである）という縁起のよい言葉に結び付けます。つまり、〝四〟＝〝事事如意〟です。「四」の発音に対する連想の違いから見るかぎり、中国人のものに対する考え方にはプラス的な傾向があると窺うことができます。

中国では、古くから「四」に大変友好意識を持ち、よく物事を「四」で片付けます。例えば、〝四合院〟〔sì hé yuàn〕、〝四菜一汤〟〔sì cài yì tāng〕、〝四大名花〟〔sì dà míng huā〕、〝四季名花〟〔sì jì míng huā〕、〝国画四君子〟〔guó huà sì jūn zǐ〕、〝四大美女〟〔sìdà měi nǚ〕、〝才女四技〟〔cái nǚ sì jì〕、〝文房四宝〟〔wén fáng sì bǎo〕、〝四大书体〟〔sì dà shū tǐ〕、〝四大书院〟〔sì dà shū yuàn〕、〝四字成语〟〔sì zì chéng yǔ〕、〝仏教四大聖地〟〔fó jiào sì dà shèng dì〕、〝四天王〟〔sì tiān wáng〕、〝四海龙王〟〔sì hǎi lóng wáng〕、〝四化〟〔sì huà〕など、結構あります。

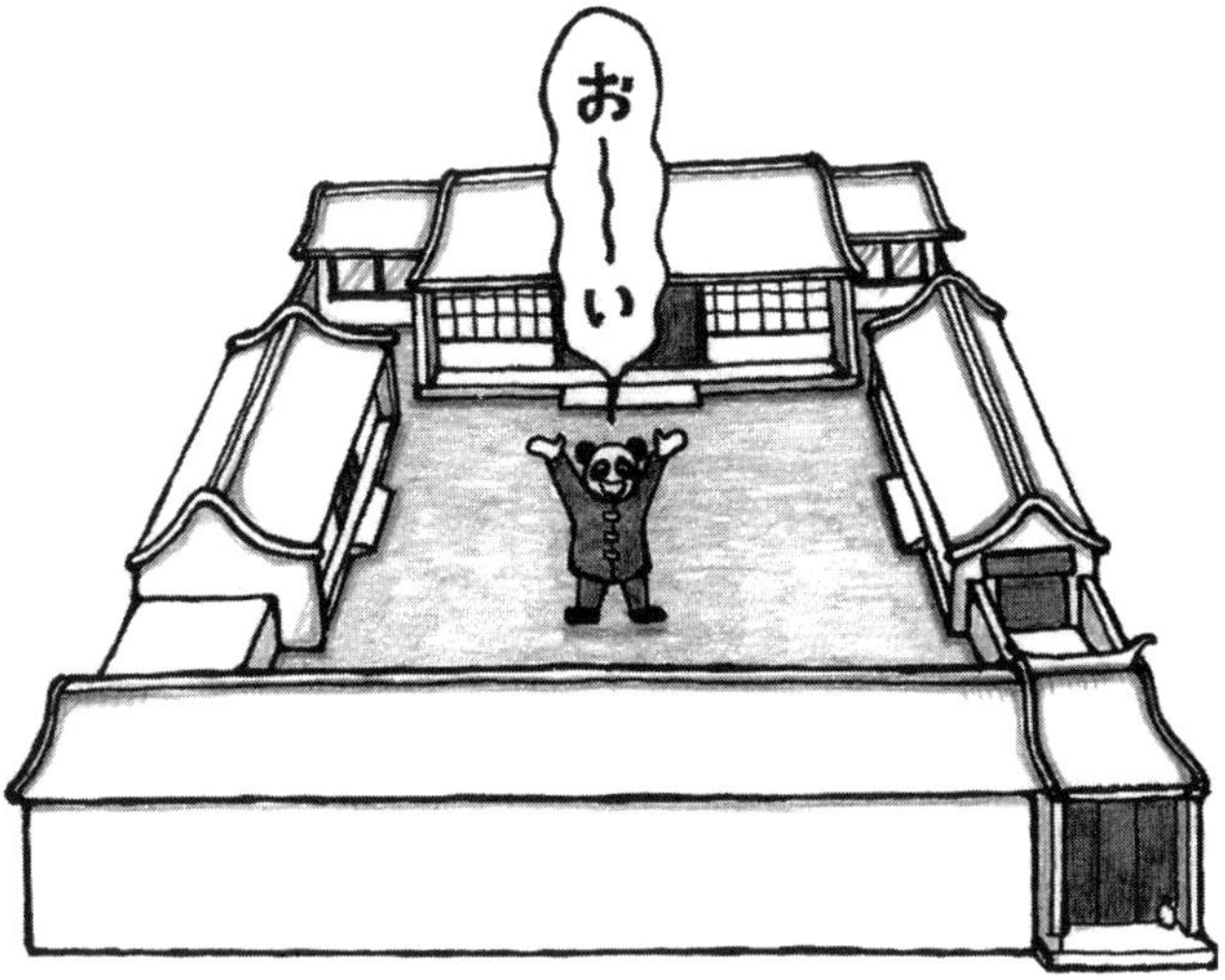

実は、中国人は古くから空間は四角で四方には四岳がそびえていると考えていたようです。つまり、空間は四つの陽の方角で決められますが、陽は四角を意味する言葉

でもあります。ですから、大地神は四角い丘で表され首都や王宮なども四角です。皇帝は中央にいて、四方位から有益な影響を受け入れ有害な影響を退けます。四角の空間は大禹の〝魔方陣〟に従い、四角の地方に分割されます。『周礼《しゅらい》』によれば同様にして四角の田畑へと分かれます。都市は空間の中心で四角で四方位に門を持ちます。世界の秩序を正しく立て直す必要のあるとき、諸王侯はこれらの門より都市に入り方形に集合します。社（土地神の祭壇）、家も四角です。また明堂（家）も四角で三つの門を四組持ちますが、それらの門は新しきエルサレムの門と同じく、一年十二の月に対応しているらしい。秘密結社の集会所は四角で、四大に対応する四つの扉があります。古代中国の宇宙は次々と四角が四角の中心に入り込む構造になっていました(3)。

でも、最近、広東地方以外のところも日本と同じように「四」の発音が「死」とつながるようになりました。「四」の人気がだんだんなくなっているのです。なぜでしょうか？あるいはファッションのように、流行があるのでしょうか。

ナレーション：

〝四合院〟：中央に庭を囲んで、〝正房〟、〝東西の廂房〟、〝倒座〟（母屋と向かい合いの棟）の四棟からなる旧式の家。〝四合房〟とも言います。

〝四菜一汤〟‥昔貧しかったので、お客を招待する時、料理四つプラススープ一つを出せば大変な礼儀となり、盛大なご馳走になります。
〝四大名花〟‥洛陽の牡丹、漳州の水仙、杭州の菊の花、大理のツバキ
〝四季名花〟‥春の芙蓉（ハスの花）、夏のカイドウ、秋の金菊、冬の蝋梅
〝国画四君子〟：梅、蘭、竹、菊
〝四大美人〟‥西施、王昭君、貂蝉、楊貴妃
〝才女四技〟‥琴、棋、書、画
〝文房四宝〟‥紙、筆、硯、墨
〝四大书体〟‥楷書、草書、隷書、篆書
〝四大书院〟‥宋代の四つの書院を指します。江西省廬山五老山峰の東南にある白鹿洞書院、湖南省長沙岳麓山にある岳麓書院、河南省登封県の太宝山にある石鼓書院、河南省商邱景西にある応天書院という。〝书院〟は、旧地方に設けられてた読書・講学の場所。清末に科挙が廃止されてからほとんどが学校に改められました。
〝四字成语〟‥四文字熟語。
〝仏教四大聖地〟：山西省の五台山、四川省の峨嵋山、安徽省の九華山、浙江省の普陀山。
〝四化〟‥四つの近代化‥農業・工業・国防・科学技術の四つの〝現代化〟を指します。

注：

（1）「し」の字嫌い（『日本昔話大成』第8巻、笑話一。関敬吾、角川春樹、昭和五十四年八月十日）

（2）「四」の字嫌い（同右）

（3）『世界シンボル大事典』、金光仁三郎他、大修館書店、一九九六年十二月

「七」はラッキー？

日本人は「七」という数字が好きなようで、「ラッキーセブン」という言葉があります。これは、奇数を好む日本人が、さらに西洋文化に影響された結果だと思います。

しかし、中国の「七」は日本のような「ラッキー」ではありません。

古代の中国では〝七〟をよく文体の名に使っていました。例えば、〝七体《しちたい》〟と言う文体がありました。〝七体〟というのは、文章の中で七つのことを用いて喩え、人々を〝諷勧《ふうかん》〟する（遠まわしにいさめ、勧告する）文体です。その創始者は前漢朝（前二〇六～二五）の枚乗《ばいじょう》です。代表作に〝七発《しちはつ》〟という題名の文があります。〝発〟は啓発の意味です。以来、多くの人が模倣して〝七辯《しちべん》〟、〝七啓《しちけい》〟、〝七諷《しちふう》〟などの文章が書かれました。他には次のような七に関する文体があります。

〝七哀詩《しちあいのし》〟、作者は王粲《おうさん》です。後漢朝（二五～二二〇）末にできた新しい楽府《がふ》の題です。

〝楽府〟は、漢詩の一体です。前漢朝の武帝《ぶてい》の時に民間の音楽と詩歌を採集するために設けられた官署の名で、のちに音楽に合わせて歌われた詩、及びそれに準《なぞら》えて作られた詩を指すようになりました。

〝七言古詩《しちごんこし》〟、漢詩スタイルの一つです。一句が七字からなり、句数に制限がありません。略して〝七古〟と言います。

〝七言絶句《しちごんぜっく》〟、漢詩スタイルの一つで、七字の句四句、計二十八字から成る詩です。第一・二・四句の末の字に韻をふむのが原則です。〝七絶〟とも言います。

〝七言排律〟、漢詩スタイルの一つで、七字の句を十句以上、偶数に排列した長編の律詩です。略して〝七排〟と言います。

〝七言律詩《しちごんりつし》〟、漢詩スタイルの一つで、七字の句八句、計五十六字から成る詩です。第一・二・四・六・八句の末の字に韻をふむのが原則です。略して〝七律〟と言います。

文体の他、「七」はまたいろいろなところで「活躍」したようです。

〝七略《しちりゃく》〟、解題図書目録。前漢朝の劉歆《りゅうきん》が作った書籍の分類目録です。解題（解説）はなく図書目録の部分のみ『漢書』藝文志として残ります。

〝七録《しちろく》〟、南朝・梁（五〇二〜五五七）の阮孝緒《げんこうしょ》が作った書籍の分類目録です。

〝七教《しちきょう》〟、古代の妻を離縁できる七つの条件です。父母に服従できない・子供が生まれない・品行が淫《みだ》ら・嫉妬深い・悪い病気がある・おしゃべり・盗みをする、の七つだそうです。

〝七教《しちきょう》〟、父子・兄弟・夫婦・君臣・長幼・朋友・賓客の七つについての教えです。

その他、ロマンチックで美しくも悲しい「七夕」の恋の物語は、誰でも知っているでしょう。七夕の伝説の故郷は中国であり、その起源は古く春秋戦国時代の中期、完成は後漢朝の末期であろうと思われていますが、具体的な七夕の説話が本に登場したのは梁（五〇二～五五七）の『荊楚歳事記《けいそさいじき》』だそうです。(2)

また、唐の玄宗の時代（七一三～七五五）、織物の上達を願う乞巧奠《きこうてん》という祭りが七月七日（旧暦）に行われ、「星祭り」として確定していったと思われたそうです。「乞巧」とは、「巧（技能）を乞う（願う）」という意味です。中国では古くから牽牛星を農事を知る基準にし、織女星を養蚕や糸、針の仕事を司る星として信仰していたので、女性が機織・裁縫・手芸などの上達を願い、五色の糸、五色の絹布を供えする風習がありました。以来、願いが叶えられるという意味で、両星を祀るという一つの行事となったというのです。(3)

以上から見ると、昔の中国人は「七」とよく付き合ったようです。

しかし、南北朝（四世紀末～六世紀末）から、中国では、死んだ人を弔《とむら》うため、七日間ごとに一回、計七回（七つの七日間、四十九日）弔いをしなければならないという風習が芽生えました。この儀式は〝七七〟〔qī qī〕と言い、『北史《ほくし》』(4)の『魏書《ぎしょ》・胡国珍伝《ここくちんでん》』に記載されています。当時は、貴族や王室の人達しか〝七七〟を受けられなかったのですが、唐代（六一八～九〇七）から民国（一九一二～一九四九）までは、一般の民間でも盛んに行われま

した。よって、〝七〟は死や他界と繋げられてしまい、だんだん中国人に冷遇されたと考えられます。それに加え、中国人は偶数好きで奇数を好まないことから、〝七〟の中国での人気は、日本と比べると雲泥《うんでい》の差です。ちなみに、都会では七夕の行事もずいぶん昔から行っていません。

なお、最近、改革開放のお蔭で、中国の視点は西洋に移りはじめ、西洋文化に対する受容が進んでいます。マクドナルド、ケンタッキー、ピザ屋…西洋の風は中国全土で吹き荒れています。「七」の中国での運命がこれから注目され、「七」はラッキーになるのでしょうか？

注：

（1）書名、一巻。南朝梁の宋懍《そうりん》の著。楚の地方の年中行事・風俗を述べた書。元日からおおみそかまで三十六項目を収めている。
（2）「七夕の起源・中国での起源」google のhttp://www.asahi-net.or.jp/˜nr8c-ab/tn00a3.html
（3）①同（2）
②「七夕の伝説」google のhttp://www.pluto.dti.ne.jp/˜mika/word/season/tanabata.html
（4）書名、百巻。唐の李延寿《りえんじゅ》の著。二十四史の一つ。北魏・北斉・北周・隋《ずい》の北朝の二百四十二年の歴史を記した書。

人気の「八」

中国で最も人気のある数字は「八」です。八の発音は「発」と似ているので〝発財〟（金を儲ける）を連想させるのです。車のナンバプレート、部屋や電話、証券など番号の付くものなら、「八」は最も望ましい数字で、高値で「八」を買う人も少なくありません。中国の高級ホテルやレストランの電話番号は「八」が入っているものが多いのです。いくつかの例を挙げてみましょう。

北京：新萬壽賓館：4362288
　北京皇家大飯店：4663388
　北京麗都假日飯店：4376688
　北京希爾頓（ヒルトン）：4082318
　凱賓斯基（ケンピンスキー）：4653388
上海：西郊賓館：2198800
　錦江飯店：2582582
　新錦江飯店：4334488

銀星皇冠假日酒店：２５２８８８８
上海国際貴都大飯店：２４８１６８８
また、中国人は「八」を他の数字と一緒に組み合わせ、いろいろな縁起のいい言葉を作り出しています。少し紹介しましょう。
１８→実発〔shí fā〕（必ず儲ける）
２８→易発〔yì fā〕（容易に儲ける）"2"は広東語で「易」の発音と同じ。
５８→吾発〔wǔ fā〕（私は儲ける）
５１８→吾要発〔wǔ yào fā〕（私は必ず儲ける）
１６８→一路発〔yí lù fā〕（ずっと儲ける）
１６５８→一路吾発〔yí lù wǔ fā〕（ずっと私は儲ける）
９８９８→久発久発〔jiǔ fā jiǔ fāa〕（永遠に儲ける）
５８５８→吾発吾発〔wǔ fā wǔ fā〕（私は儲ける、私は儲ける）
２３２８→易生易発〔yì shēng yì fā〕（容易に生き、容易に儲ける）"3"は広東語で「生」の発音と同じ。
しかし、世の中絶対的なものはないのです。「八」も玉に瑕があります。漢字の「八」は象形文字で、二つに分かれている物の形にかたどられ、分かれるの意味を表わしていると

いうのです（『大漢語林』、鎌田正他、大修館書店、平成四年六月）。ですから、中国の河南、河北、湖南、湖北では、「八」を避けようとするところがあるそうです。日本では「八」の形は広がっているので、「末広」という意味に連想され大変人気があるようですが[1]、もし漢字の「八」の成り立ちがわかったら、「末広」というプラス的な連想をするのでしょうか、興味深く思います。

また、台湾の台北では、八番のバスがないようです。中国語ではバスを「何番何番」で言うのではなく「何路何路」で数えます。例えば、八番バスは「八路公共汽车」〔bā lù gōng gòng qì chē〕と言います。「八路」は国民革命軍第八路軍の略称「八路軍」とを思い出させ、辛いことです。〝路〟は「方面、地区」の意味で、「第八方面軍」のことを指します。一九三七年の第二次国共合作で〝红军〟〔hóng jūn〕（共産党の軍隊）は「国民政府」の指揮下に入り、国民革命第八路軍の名を与えられました。抗日戦争中は華北における中核戦力となり、第二次世界大戦後、〝新四军〟〔xīn sì jūn〕などとともに中国人民解放軍に改編されました。つまり、「八路軍」は共産党の軍隊です。

言葉も政治的な色に染められているのです。

注

（1）日本人の友人から補足的な説明が寄せられました。「八という数字に日本人が関心をもつのは「末広」という理由からばかりではないようです。「八雲立つ」とか「八重垣」などの枕詞をもち出さないとしても、お江戸は「八百八町」で、嘘は「八百」というように、八は限りなく数の多いこと、豊穣さを意味します。極限の数といっていいかもしれません。西洋で忌み嫌われる「八重歯」が日本人にとってはかわいいものの象徴となっていることも思い合わされます。また、悪い意味では、しかめっ面をすることを「八の字を寄せる」と言います」。

「九」の身の上

日本人は「九」という数字が好きではないようです。「九」の発音は「ク」で、「苦労」の「苦」と同じだからです。しかし、中国では「九」の発音は〝ジュウ〟で、〝酒〟と〝久〟の発音と同じ。縁起のいい数字とされています。お酒は喜びや祝福、幸福の象徴で、〝久〟は〝天長地久〟（天地のようにとこしえに変らない）の〝久〟で、〝永久〟、〝永遠〟の意味だからです。中国では〝９９９胃泰〟と名づけられた胃の薬もあり、〝９９９大酒店〟と呼ばれているホテルもあります。〝九〟は人気者です。

時間をさかのぼって見れば、〝九〟の素晴らしい〝身の上〟がわかります。昔中国では天は「陽」で地は「陰」、そして「陽」は奇数で「陰」は偶数だという考えがありました。〝九〟は最も大きな「陽」の数と見られ、「極数」（最大の数字）と思われていました。そのため、天の最も高い所は〝九天《きゅうてん》〟、〝九重天《きゅうちょうのてん》〟、〝九霄《きゅうしょう》〟と言われ、地の底は〝九泉〟と呼ばれていたのです。

さらに、〝九〟は至上の象徴とされています。中国の皇帝の玉座は九段になっていて、九つの扇で外部世界と玉座は遮断されています。「天」の姿をかどったものだからです。です

から〝九天〟と〝九重天〟は皇帝のことも指します。また、周代（前十一世紀〜前二五六年）の官爵は九等に分けられ、最も上の官級を〝九命〟と言いました。その他に、皇帝の服は九つの龍の模様が刺繍され、〝九龍袍《きゆうりゆうほう》〟とも呼ばれていました。そして、故宮（北京にある明・清朝の皇居）の部屋数は、なんと九九九九・五だそうです。なぜ半分大きさの部屋を建てたのでしょうか。つまり、〝九〟という至高、限界を超えたいと皇帝が思っても、〝一〟超えると最小の〝〇〟に戻るので、半分サイズの部屋

を作ったわけです。

文物には、〝九龍壁《きゅうりゅうへき》〟（九匹の龍が浮き彫りされている壁）、〝九龍燈《きゅうりゅうとう》〟（高さ九十㎝、一番上に動いている九匹の龍が彫られている。中国で保存されているのは三つしかないようです）があり、いずれも皇帝の至高権力の象徴です。また、宮廷の器物には〝九龍杯〟（九匹の龍が描かれているコップ）、〝九桃壷《きゅうとうこ》〟（九つの桃が描かれている壷）、〝九龍柱《きゅうりゅうちゅう》〟（九匹の龍が浮き彫りされている柱）など、〝九〟で名づけられるものが非常に多いのです。

現在の中国では、四十九歳、五十九歳、六十九歳、七十九歳、八十九歳、九十九歳の時、五十歳、六十歳、七十歳、八十歳、九十歳、百歳のお誕生日を祝う習慣が残されています。また、百歳を超えた場合、ずっと九十九歳で数えていく人もいます。至高の〝九〟を超え、「〇」（死ぬこと）にならないようという願いを込めているからです。

ついていない「十三」

授業中、「家族紹介」の話題に入りました。一人の学生の会話文に次のような一句がありました。

〝我姐姐在十三工作〟〔wǒ jiě jie zài shí sān gōng zuò〕（私の姉は十三《じゅうそう》で働いています）。

文法的には間違いありませんが、中国人は目をまるくするほど、この文章に驚きます。

なぜなら、「十三」は中国人に特別な意味を与えるからです。「十三」は日本語の中で一つ以上の発音があり、もちろん発音によってその意味も違ってきます。数字なら「じゅうさん」と発音しますが、大阪にある地名になると「じゅうそう」というちょっと変わった発音をします。しかし中国語の漢字のほとんどは一つの発音しかありません（二つ、三つの発音を持つ漢字もありますが、日本の漢字と比べ極めて少ない）。「十三」は中国語で〝shí sān〟と発音され、数字の「13」の意味しかありません。しかし、「十三」に「点」を加え〝十三点〟〔shí sān diǎn〕となると、「あほう」、「ばか」という意味を持つことになります。〝点〟を省略して〝十三〟だけ言う人もいるので、〝十三〟＝「あほう」、「ばか」ということにもなります。ですから、文頭に上げた学生の例文に中国人は驚きます。

なぜ「十三」に「点」を加えただけて、以上のような「悪い」意味を持つようになるのか？ 実は、ここの「点」は「何時」の「時」の意味で、〃十三点〃は「十三時」を意味します。普通は一日二十四時間であり、午前中の十二時間と午後の十二時間を使って数えます。これは子供さえわかる常識です。〃十三点〃というのはこのような常識さえわからず、一日の時間を十三時間ずつ数える者の喩え、「あほう」、「ばか」の意味に転じたものになるのです。ああ～、ついていないかわいそうな〃十三〃です。

ちなみに、〃十三〃と同じ「運命」に遭っている数字を紹介します。それは〃二百五十〃〔èr bǎi wǔ〕（最後の〃十〃を発音しません）です。『中日辞典』（講談社第二版）では、〃二百五十〃に対する解釈は、次のようです。

1 うすのろ・あほう。 2 [方]生かじりの人。

なぜ、二百五十という数字は、このように悪い意味を持つようになったのでしょうか。実は、昔の中国では銀が主な貨幣で、「銀両」と「元宝」の二種類がありましたが、清朝末期、「銀元」という新しい貨幣が出来、「銀両」と「元宝」の代りに使われていました。当時、五百枚の銀元は〝一封〟とされ二百五十枚の銀元は〝半封〟とされました。ところが、〝半封〟の〝封〟の発音は〝fēng〟で、気が狂う意味の〝瘋〟と同じ発音ですので、〝半封〟は〝半瘋〟になってしまいました。つまり、二百五十＝〝半封〟、〝半封〟＝〝半瘋〟ですから二百五十＝〝半瘋〟（半分気が狂っている）です。

それ以来、二百五十は「おかしく」なりました。また、二百五十を十倍縮小して「二十五」にするのは南京あたりの人です（真中の「十」の発音を省略して、〝ěr wǔ〟だけ発音します）。かつて南京の町で買い物をした時に、値引きした値段をたまたま二十五元にしたため大変怒られた経験があります。

中国人に、十三と二百五十（二十五）を使う時、気をつけなければなりませんよ！

トマトに塩をかける

中国では夏に昼寝の習慣があります。小さい時からこの夏の昼寝が大嫌いでした。しかし寝なければなりませんでした。なぜなら午後の授業に集中するため、昼寝をすることが校則（小学校まで）になっていたからです。私に昼寝をさせるため、母はいつも「糖蕃茄」〔táng fān qié〕（トマトの砂糖漬け）を用意してくれました。

「早く寝なさい、糖蕃茄を用意しているのよ。起きてから食べさせてあげるわ。そうじゃなかったら…はい、はい、早めに起こすからね」

と、いつもこう言いながら、私を寝かせていました。

とても効果的な方法でした。私はいつも、赤くて甘いトマト、そして砂糖に漬けられて出てきた甘い汁を思いながら、真夏の昼の甘い夢を見ていました。

大きくなってから強制的な昼寝をさせられることはなくなりましたが、「糖蕃茄」は暑い夏に欠かせない味わいとなりました。トマトと言えば「糖蕃茄」だと私は思っていました。

しかし、このトマトに対する一途な思いは、日本にやってきたその日に破られてしまいました。その日、ご馳走してもらったトマトは、なんと「塩トマト」でした！　十何年間思

い続けてきた甘いトマトの味と遥かに違うことに驚き、たとい口が塩トマトを受け入れても、気持ちはその味を許すことができなかったのです。その他、日本人はよくスイカやイチゴなどに塩をかけて食べることもわかりました。その理由を尋ねると、甘みをよく引き出させるためと言うことでした。

「塩と甘み？ どうしても一緒に考えられないものだわ」

私は不思議に思い、納得できなかったのです。

「確かに、普通には一緒に考えられないものですが、よく考えると、趙さんの思う「甘み」と日本人の思う「甘み」は違うものです。つまり、「糖蕃茄」の甘さは実際のトマトの甘さではなく、砂糖の甘さです。一方、塩にかけられたトマトの甘みは、トマト自身の甘さというわけです。要するに、塩の辛さと対比することによってトマトの甘みをよく味わうことができ、トマト本来の甘みを引き出すことができるというのが日本人の考えです」

日本人の友達は、丁寧に説明してくれました。

なるほど、日本人と中国人のものに対する考え方の違いに驚きました。実は、日常生活の中でも、似たような「現象」がよく見られます。

中国人は寒い冬に風邪を引かないために厚着すると思っていますが、日本人は厚着をすると、かえって風邪を引きやすくなると考えます。厚着は寒さに耐える自分自身の免疫力を弱めてしまうからだそうです。どっちが正しいかしら？

中華風の家[1]と和風の家を比べてみると、中華風の家は和風の家より平均的に家具が多いように感じます。中国人はいろいろな家具を家に置いた方が、生活し易いと考えているからです。一方、和風の家は畳式の部屋が特徴です。畳の部屋は基本的に家具を置かないのです。家具がないことは空間が大きくなります。空間が大きくなることによって人間の活動の範囲も大きくなりますし、空間の利用も多様化します。長年の日本生活は日本人の「ない」はイコール「無」ではなく、「多様性」を生じてくることを教えてくれました[2]。

人と人の付き合いもかなりの違いが見られます。中国語には〝亲密无间〟〔qīn mì wú jiàn〕という表現があります。「親密で隙間さえない」という意味です。中国人が親しさを判断する基準は、お互いの間のその「間《ま》」（空間と心理両方）です。「間《ま》」が少なければすくないほど親密だと考えます。ですから、プライバシーの概念が希薄です。一方、日本人の場合、

図1　出行宴楽画像（後漢　四川成都　原石＝重慶博物館蔵）

距離を保つのを重んじ、距離のない付き合いは長く続かないという考えを持っているようです。所謂「親友」でも、お互いの間にある程度の距離を置き、お互いのプライバシーを尊重します。

教育の場合も違います。中国は「量」の教育と言えます。大量な内容、練習、宿題、試験の中から、優等生を作り出そうとしています。一方、日本の場合はゆとりのある教育を主張し、学生にもっと自由の時間を与え、自分なりの勉強ができるように望みます。

以上のさまざまの違いを見て、どうも中国人の思考方式は「直進型」と思え、日本人の思考方式は「迂回《うかい》型」と言えます。

注：

（1）唐代（六一八～九〇七）以前、中国では直接地面や床に筵《むしろ》を敷いて膝を折り座っていました（図1）。魏・晋・南北朝

図２　顧閎中韓熙載夜宴図巻（五代後唐、南宋模本。北京故宮博物院蔵）

（二二〇〜五八一）の時代になると西域の椅子や折り畳み椅子などの座具が次々と中原に入ってきました（図２）。そのころから、中国人の生活様式は初めて直接床や地面にあぐらをかいて座る生活から椅子に座る生活へ変化し、宋代（九六〇〜一二七九）以後には庶民階級でも椅子と卓（テーブル）の生活が定着したようです（「中国の伝統家具について」を参照、googleのhttp://www.chinese-antique.net/kagu.html）。

（２）日本の畳は約一二〇〇年の歴史を持っているのだそうです（畳の生活が一般に普及するのは江戸時代も後半になってからですが）。古来敷物として使われていましたが、最初の頃は中国の昔と同じく筵《むしろ》のようなものであったと思われます。現在の畳の形式になったのは平安時代で、当時は「厚畳」と呼ばれ、円座、筵等と区別され、高貴な方の敷物で、身分によって畳の大きさ、縁の生地、色を違えていたようです。このように身分による畳の差別は、江戸時代中期まで厳しく残り、明治維新後、新政府になって初めて畳の使用、縁の種類等も自由になりました（「畳の歴史」を参照、googleのhttp://www.xpress.ne.jp/tatami/rekisi.html）。

明治以来、西洋の文明が急速に日本に入り込み、洋風の家具も「文明の花」の一つとして日本人の家に定着しました。現代日本人の家を見ると、和室もあれば洋室もあるスタイルが主流です。モダンなマンションでも必ず和室は設けられ、日本人の畳に対する愛着心を語っています。日本人が畳に愛着する理由を、私なりに推測すれば二つほどあげられます。

その一、湿度が高く、気象の変化が激しい日本の風土に原因があります。畳はこのような日本の風土に適した敷物で、生活の知恵から生まれたものでしょう。

その二、本文の中で述べたように、畳の部屋の「多様」な活用にあります。畳の部屋の「多様性」は、狭い家を広く使わせます。

割鶏焉用牛刀

春秋時代、孔子の弟子子游は武城というところの大臣になりました。ある日、孔子は武城に行った時、弦楽器の演奏に合わせ詩を歌うのを聞くと、にっこりと笑って〝割鶏焉用牛刀〟〔gē jī yān yòng niú dāo〕（鶏をさくのにどうして牛刀を用いるのだ）と言いました。武城は小さいなところなので、「礼楽《れいがく》」（行いをつつしませる礼儀と心をやわらげる音楽。中国では、古く儒教で、社会の秩序を保ち人心を感化する働きをするとして尊重）で管理する必要はないという意味です。以来、〝割鶏焉用牛刀〟は俗語となり、小さな事を大げさにやること、すぐれた才能のある者をつまらぬことに用いることを喩えるようになりました。

日本に来て、日本と中国の家庭用の庖丁の違いに気付いた私は〝割鶏焉用牛刀〟という言葉を思い出しました。

最初は日本の家庭用の庖丁に驚き、慣れることができず、頼りないと思っていました。なぜなら、中国の家庭用の庖丁は日本より大きくて、重いものばかりだからです。中国語では、「庖丁」を〝菜刀〟〔cài dāo〕と言い、長方形のものが多いようです。幅はビデオテープくらいで、長さはビデオテープより二、三cm程短いのが最も一般的なサイズです。もちろん、庖丁の先がアーチ形になっているものもあります。

中国人は「美食家」と言われ、何でも食べるというイメージがありますが、中国人である私も、そのような「個性」を認めていています。「羽のあるものなら、飛行機のほか、足のあるものなら、机のほか、何でも食べる」と中国人は自称しています。ですから、料理の材料は日本よりずいぶん豊富で、賑やかです。『平凡社大百科事典』では、中華料理の特色を五つにまとめていますが、第一に挙げられているのは材料の種類の多さです。「ごく普通の青菜から珍しいものはつばめの巣（燕窩）、熊の掌、駱駝《らくだ》のこぶ、象の鼻、鱶《ふか》の鰭《ひれ》（魚翅）、田鶏（食用蛙）、キノコ類などの山海の珍味、さらには、鳥獣魚肉、甲殻類、貝類、野菜、果物類の生鮮、乾物、塩蔵、発酵品、漬物類にいたるまで多岐にわたる」というのです（ちなみに、つばめの巣、熊の掌、ラクダのこぶ、象の鼻、鱶のヒレのようなものは、普通は食べられません。一般の中国人の食べていないものが多く強調されているように感じます）。

また、中国人はパッケージ商品をあまり好まないようです。魚はやはり活きているものがよいと思い、殺して綺麗に洗ったものは便利というより新鮮さの方が気になります（海の魚ほど大きくない河魚を食べるので、自分でおろせます）。肉も同じです。家で豚や牛を殺すことはできませんが、日本のように、「ロース」、「モモ肉」、「ミンチ」などと分けることもしません。「本当にその部位の肉なのか、どのような肉を使ってミンチにしたのか」など、皆、疑います。

相原茂先生は、著作『中国語の学び方』（東方書店、一九九九年十月）で、「日本は基本的に人を信用する社会です。中国は、それに対して、基本的には証拠を重視する社会だ」と述べています。さらに、幾つかの例を出していますが、ここでその中の一つを取り上げてみたいと思います。

上海蟹、これもショー的な演出がありますね。はじめ活きている数匹の蟹をテーブルまで持ってきて、客に選ばせます。それぞれ好みのものを選ぶと、これに名札をつけ、そこに自分の名前を書きつけます。要するに、自分の選んだ、活きているこの蟹を間違いなく調理し、のちほどお届けしますという証拠づくりなのです。そうしなければ、すでに死んでいるような、少し小ぶりの蟹にすり替えられてもわからないはずです。ショー的と見えて、これも基本的には証拠や手続き重視の現われではないでしょうか。

このように、証拠主義者の中国人は肉売り場に行って自分の目で確認してから、欲しい部位の肉を買います。鶏なら自分で処理できるので、活きている鶏を買います。それが一番新鮮で騙されないからです。さらに、スイカや白菜のようなサイズの大きいものを何分の一かに切って売る習慣もありません。やはり鮮度が気になり、パッケージ商品は敬遠されます。

ですから、何でも自分で切らなければならない文化のため、中国の厨房は大変忙しくて賑やかです。ミンチにしたり、肉を切ったり、骨付きのものを小さく刻んだり、そして硬い南瓜に、竹の子に、大きなスイカに…皆、庖丁と付き合わなければなりません。ですから、大きくて丈夫な庖丁が必要とされます。

日本では、料理の材料は消費者が一番使いやすいように、適当なサイズ、さまざまな形、いろいろな重さに分けて売られています。家で硬いものや、大きなものを切る必要は現在ではほとんどないようです。また、日本料理は、細かく作られているので、小さい庖丁の方が便利です。日本に来たばかりのころ、重くて大きな中国の庖丁に慣れていた私は、軽くて頼りのない日本の庖丁に驚きましたが、ちょっと生活してみますと、そのわけがよく分かりました。なるほど、正に〝割鶏焉用牛刀〟ではありませんか。

ナレーション：

十年前ほどから、中国の自由市場で鶏を殺して、綺麗に洗うサービスが出てきました。自由市場で買った鶏をその場で「処理」してもらうことができ、大変人気を呼んでいるようです。「処理」費は地方によって少し違いますが、上海あたりなら一羽で一・二元～一・五元だそうです。

最近、都会のスーパーでは日本と同じようなパッケージ商品も売られています。割り高なので、お金の余裕がある人に売れているようですが、普通の家庭にも遠くない将来、受け入れられるでしょう。冷蔵庫の普及によって、新鮮さを求めることより便利さを求めることに変りつつあるのです。ですから、今後中国の庖丁は小さくなっていくのでしょうか？

日本のお箸と中国のお箸

「先生、この間中国に行ってきましたよ」

廊下で一人の学生に声をかけられました。

「そうですか。何処に行ってきましたか？　よかったですか？」

と私が尋ねた。

「北京、大連、上海に行きました。さすが本場の中華料理は美味しかったわ。でも、お箸が長くて太いので、最初のころ少し慣れませんでした」…

そうですね。中国と日本同じ箸を使う国ですが、比べてみましたら、両国の箸の形や箸の使い方など、いろいろな違いがあることがわかります。

中国の「はし」は、もともと〝箸〟というふうに書き、「竹で作ったもの」という意味でした。しかし、〝箸〟の発音は〝zhù〟で、〝住〟という字の発音と同じです。〝住〟には「止まる」、「停止する」という意味がありますが、古代中国長江下流地域では交通の主な手段が船なので〝zhù〟という発音が「風が止んで船が動かなくなる」ということに結び付けられ、縁起の悪い言葉として大変忌まれたそうです。そこで、船が速く進むようにという願いから、速いという意味の〝快〟〔kuài〕という字に〝竹〟かんむりを付けて、同じ発音の〝筷〟という字が作られました。だから〝箸〟のことを〝筷子〟(kuài zi) と言います。〝子〟はここでは接尾語で、特に意味がありませんが、子供の意味を表す〝子〟〔zǐ〕とつなげる人もいます。そこで、〝筷子〟＝〝快子〟で、〝早く子供ができるように〟という意味になります。ですから、〝筷子〟は新婚夫婦に最もよい贈り物の一つとされています。なお、〝筷〟という字が作られたのは明（一三六八年～一六四四年）の時代のことだそうです。

中国の箸は日本と比べ、だいたい五、六㎝長く、また箸の先も日本のようにとがっていません。この違いに私は日本に来たその日から気づき、不思議に思っていました。日本人の生活を観察した結果、日本と中国の生活風習の違いが、両国のお箸の違いをもたらしたと考えるようになりました。

中国では、食事をする時、料理はテーブルの中央に置かれ、皆は自分の箸で取って食べるのが普通です。つまり、日本と違い、皆で同じお皿をつつき合うのです。特に、昔は大家族が多かったので、大きいテーブルが使われていました。また、大きな丸いテーブルを好んで使います。このような丸い大きなテーブルの中央に置かれた料理を、座ったまま取るのは容易ではありません。

また、食卓で日本では見られない風景があります。中国人は相手に友好的な気持ちを表すため、よく自分の箸で同席の人に料理を取ってあげます。自分の箸を使うのは、水臭いことはいらず、親しみを表すためです（最近、衛生の面が考えられ、都会では宴会の時、取り箸が用意されるようになりました）。このような「勧め好き」は宴会などの時だけではなく、家族でも行います。

ですから、中国人の食卓ではお箸の「活動」範囲がかなり広いのです。お箸が短かったら不便です。そして、テーブルの中央にお箸を伸ばし、「前進」する（縦に動く）頻度が高いので、中国のお箸は日本と違って、右手側縦に置きます。そうすると、無駄な動作を省略し、すばやくお皿に箸を伸ばすことができるのです。

一方、日本の場合はどうでしょうか。古代の日本では、一本の樹の枝を折り曲げて（ピンセットのような形）、その両端で物を挟んだりし、箸として使っていたこともあったそうです。これが日本のお箸が比較的短い理由の一つかも知れません（もっとも、中国にも紀元前五世紀の出土物の中に「竹莢」というこれに似たものがありますが）。

また、日本では、一人一人の分に分けて食べる形が普通です。したがって、テーブルの中央にお箸を伸ばすことがほとんどありません。もちろん、中国のように自分の箸で他人に料理を勧めたりしません。ですから、お箸の移動範囲はほぼ自分の目の前になり、中国と比べてかなり狭いのです。逆に、長いお箸だと動きにくくなり不便です。

また、中国の縦に置く方式と違い、日本ではお箸は自分の前に横に置きます。なぜ、このように違っているのでしょうか。

実は、『中華料理の文化史』（ちくま新書、張競、一九九七年九月）によれば、中国では箸はもともと横に置いていて、宋代、遅くとも元代になって箸の縦置きが定着したそうです。横置きから縦置きに変化した理由について、同書では次のように述べています。

唐（六一八〜九〇七）と宋（九六〇〜一二七九）のあいだは五代十国（九〇二〜九七九）とよばれた動乱の時代である。その間、北方の騎馬民族が次から次へと中原に入り、王朝を打ち立てた。それにともなって、多くの異民族が漢民族の居住地域に移民してきた。彼らは牧畜に従事していたから、肉を主食にしていた。刃物はうっかりすると怪我をするから、食事のときに自然とナイフの先を反対側に向くように置く。それは、フォークとナイフを使う西洋の食事マナーを見ても一目瞭然である。

事実、モンゴル料理の場合は、ナイフは縦向きに置かれている。五代十国のとき、騎馬民族の食習慣がかなり南下したであろう。移民してきた人々はナイフを使う習慣をそのまま持ち込んだから、ナイフと同じように箸も縦向きに置いたのは、想像に難しくない。文化の中心である宮廷でも、皇帝をはじめ騎馬民族の高級官僚は無意識のうちに、箸を縦向きに置いたにちがいない。古代から、宴会は皇帝の権威を示す儀礼として多く催されていた。異民族の政権も皇帝を名乗ったから、宴会の習慣を受け継いだ。そうするなかで、箸を縦向きに置く習慣は、しだいに上層部に浸透するようになったのではないかとかんがえられる。


要するに、箸は中国から伝わってきた当初から、横に置く形だったのです。日本はそれをそのまま受け入れ、今まで変わることがなかった。一方、中国では長い歴史の中で、上述の原因によって、横置きから縦置きに変わったというのです。

さて、箸の先の違いが両国の食事の内容の違いを窺わせます。日本は島国で古くから海の幸をよく食べていたので、うまく魚の骨を取ったり、カニや貝の硬い殻の中から身を取ったりするため、箸先の工夫が要求され、尖るようになったと考えられます。一方、中国では、沿海地域を除き、広い内陸地では主に肉や野菜類を食べ、魚などの海の幸を食べません。ですから、箸先に対し「改良」を求める必要はありません。

もう一つ考えられるのは、料理の中身（見た目）です。日本料理には、煮物、焼き物、和え物、揚げ物などたくさんありますが、汁があまり付いていないのが特徴です。一方、中華料理は炒めものが圧倒的に多く、トロッとしているのが特徴です。また、揚げ物の場合、一旦揚げてから煮たり汁物をかけたりして、味付けをすることが多いようです。煮物も汁と一緒に盛って食べます。ですから、先が尖っている箸でおかずを取れば、箸先の隙間からおかずが滑ってしまいます。

最後に、バランスの面から考えられます。日本料理は目で楽しむものであり、手が込んでいて美しく可愛らしく作られ、小さくて精巧な美しさを持っています。それを中国風の長くて太い箸で食べるのは、釣り合わないような気がします。逆に、中華料理は口で楽しむものであり、一つ一つの料理の量が日本よりずいぶん多くて、食器なども大きいのです。豪放で飾り気がない美しさを持っています。日本の短くて先の尖っているお箸とセットにすれば、やはり釣り合いません。まるでLサイズの人にSサイズの服を着せているのように、アンバランスです。世の中、わけのあるものですね。

日本のお粥と中国のお粥

主人が風邪を引いてしまいました。食欲がないので野菜入りの粥を作ってあげようと思いました。米を半合くらい洗い、炊飯器の釜の中に入れて水を加えようと思った時、釜の内側に引いてある米と水の割合の白線を見て、困ってしまいました。「おかゆ」と「中華がゆ」という二つの印があるからです。

「え？「おかゆ」と「中華がゆ」？初めて知ったわ？どう違うの？」

と、不思議に思い、主人に尋ねることにしました。

「さあ、僕も知らないよ。大した違いはないでしょう」

と、彼は半分寝ているような声で、答えてくれました。

「どうしょう？「おかゆ」にするか？「中華がゆ」にするか？」

と、ずいぶん迷ってしまいました。

結局、「おかゆ」にしました。なぜなら、「おかゆ」と「中華がゆ」と区別しているので、「おかゆ」は、つまり「日本がゆ」のことだと考えられ、日本人の主人には「日本がゆ」のほうが口に合うはずだと思ったからです。もちろん「日本がゆ」とは一体どんなものかなあ、という好奇心もありました。

しかし、出来あがったかゆを見て、驚きました。まるで柔らかい御飯ではないか!?米と水の割合の線を見た限り、「中華がゆ」より「日本がゆ」の方が濃いことは想像できましたが、ここまで濃いとは思いませんでした。仕方がなく、柔らかい御飯のような「日本がゆ」を鍋に移し換え、水を加え、炊き直しました。しばらくして、ようやくイメージ通りの野菜がゆが出来上がりました。

「ね、消化にいいかゆを作ったよ。食べてみない?」

と、主人に勧めました。

「うん、うん、味はいいね。ちょっと薄くない?……こんなもんかなあ」

と、主人はつぶやきながら、スプーンでかゆを食べていました。

「そう、そう、こんなもんですよ。薄い方が消化にいいもん。中国では、このようなかゆが普通ですよ」

私は、主人が納得するように説明を加えました。

「でも、体力がつかないな」

主人は食べながら、心配そうに言っていました。

「そうですか? でも、中国では熱がある時、重いものを食べないようにし、栄養の補給は、熱が下がってからした方がよいという考えがあります」

納得させるために、また説明を加えました。

「まあね、中国四千年の歴史を信じるしかないね」

と、主人はいつもの冗談で話をまとめながら、御代わりを求めました。これは何よりも嬉しいことでした。

その後も、「日本がゆ」と「中華がゆ」の問題が気になり、周りの日本人（大阪、広島、九州、北海道）に尋ねることにしました。今の日本人は、あまりお粥を食べないそうです。なぜなら、「かゆ」＝「病人の食べもの」という印象があるからだそうです。

思い出してみると、中国でほとんど毎日の朝食はかゆでしたが、日本に来てからはいつの間にか食べなくなりました。作るのが面倒臭いというのか、牛乳とパンの食生活に慣れたというのか、とにかくかゆは日本では「寂しい」存在に違いありません。

一方、中国では、おかゆを日本と同じように病人によく食べさせますが、粥は「病人食だ」という考えはありません。かゆは中国人の食卓に欠かせないものとなっています。

「粥」の中国語の発音は〝zhōu〟と〝yù〟という二つがあります。〝zhōu〟と発音する時は「かゆ」の意味を取り、〝yù〟と発音する時は「養生する」の意味を取ります。すなわち、古くから粥は養生の逸品と思われています。

また、古くから、粥の中に漢方を入れ薬粥を作って、病気を治したり健康を守ったりしてきました。中国では粥の専門店、つまり粥屋があり、何十種の粥メニューが用意されています。たとえば、うなぎ粥、八宝粥、蟹粥、鳥肉粥、ビーフ粥、豚肉粥、野菜粥、果物粥、魚粥、海鮮粥、キノコ粥…いろいろと作られ、人々の人気を呼んでいます。

家庭でよく食べるのは簡単にできる白粥、小豆粥、ブンドウ粥（主に夏に食べる）、ピータン粥などがあります。

一日三食のうち、朝食の時に最も「愛食」されているようです。朝起きたばかりの時、胃の働きがまだ弱いので、いきなりに重いものを食べると、胃によくないと考えられているからです。

もちろん、粥の他に、〝馒头〟〔mán tou〕（具の入っていないお饅頭）や〝包子〟〔bāo zi〕（具の入っているお饅頭）、〝烧饼〟〔shāo bing〕（小麦粉を発酵させて薄く伸ばし、油またはゴマ油のかすや塩などを塗り、ぐるぐる巻いてから適当な大きさにちぎって円形に整え、天火で焼きあげた食品）等のような、腹もちのよいものも食べます。夕食に粥を食べる人も少なくありません。

中国では養生のために「朝食では栄養をしっかり取る、昼食ではお腹一杯に食べる、夕食では少なく食べる」というモットーがあります。粥は健康によい食品の一つだと思われています。

中国の粥の濃さは、だいたい日本の五分粥にあたるか、もう少し薄いものです。ですから、中国人は「吃粥」〔chī zhōu〕（粥を食べる）というより「喝粥」〔hē zhōu〕（粥を飲む）と言います。

ナレーション：

『新字源』（角川書店、一九九三年版）によると、「かゆ」は「粥」というふうに書きますが、「鬻」が本字です。米と鬲《れき》（かまで煮る）で、よく煮た米、「かゆ」の意味を表します。「粥」はその省略形の俗字です。「弜」はゆげの象形です。また、『岩波古語辞典』に、「かゆ（粥）は、堅粥《かたがゆ》と汁粥《しるがゆ》の総称で、前者は今の飯、後者は今の粥に当たり、これに対して米を甑《こしき》で蒸したものは強飯といった」とありますさらに、『日本国語大辞典』（第二版、二〇〇一年三月二十日）は次のように説明しています。

【粥】《名》米、アワなどに水を加えて煮たものをいう。米を蒸したもの（飯＝いい）にたいしていう。古くは、水分の少ないものを堅粥（現在の飯にあたる）、水分の多いものを汁粥（現在のかゆにあたる）といい、後には、もっぱら汁粥をいう。

つまり、我々が現在呼んでいる「飯」は昔は「堅粥」と呼ばれ、「粥」は「汁粥」と呼ばれていたのです。同じ辞典によれば、日本のお粥は白米で作る白粥のほかに、量を増やすために玄米や麦、トチノミ、粟、サツマ芋、里芋などの材料を入れたものもあります。また、民間行事として、小豆粥、七草粥など特定の日に特定の粥を作る風習もあります。さらに、一般に関西では粥を好み、朝食にする習慣がありましたが、関東ではあまり好まれませんでした。商都の大阪は多数の使用人のために昼炊きが行なわれたところから、残り飯の利用として簡単で経済的な粥が朝食とされたそうです。

なお、『平凡社大百科事典』（一九九六年版）には、日本の「粥はその濃さによって、次のようにわける。全粥は米と水を重量比で一対五にして炊いたもの、七分粥は一対七、三分粥は一対一五の割合で煮て汁だけをこしとってもの、〈おまじり〉は全粥一に重湯九の割合にした」とあります。

紅葉の想い

中国人と文通している学生のWさんが、ある日、研究室に来て、困った顔で「先生、中国人に誤解されているみたいです」と言いました。どういうことかと、詳しく尋ねた結果、彼女が誤解された原因がわかりましたが、相手の中国人もかわいそうだと思いました。

話によると、一ヶ月ほど前、Wさんは日本人の友達何人かと紅葉を見に行きました。帰ってから、中国人のペンパルのX君に、紅葉の美しさとか自分が感動した心情のほか、X君と一緒に見に行けない寂しさを書き、最後にもしXさんが日本に来られたら、紅葉見物の案内をするという挨拶に近い約束をしたそうです。さらに、彼女は紅葉の模様の便箋と封筒を使ったそうです。戻ってきた返事は、なんと愛の告白のラヴレターでした。

中国では紅葉は特別なイメージを持っています。つまり、紅葉は恋と愛の象徴です。中国人は古くから〝含蓄美〟〔hán xù měi〕（感情や考えなどを表に現さないことを美とする）を重んじ、愛を率直に告白するのはどうも苦手なようです。愛の告白には特にこの〝含蓄〟という美が強調されてきました。

いろいろな方法がありますが、相手に紅葉の葉を何枚か贈るのは一つのテクニックです。

そして、紅葉見物は最もロマンチックなデートコースの一つとなっています。ですから、中国人は気軽に異性を紅葉見物に誘いません。逆に、異性に誘われた場合、嬉しいか鬱《うつ》か複雑です。好きな人に誘われたら嬉しいのですが、そうでない場合、鬱ですね。相手のプライドを傷つけないように断るのは難しいからです。とにかく、紅葉見物に誘うことには慎重でなければなりません。

このような文化環境で育ってきたX君が、紅葉の封筒に、紅葉の便箋に、紅葉の話満載の手紙を送られ、特別な気持ちを起こすのは当然です。彼は日本人のWさんに告白されたと思い、彼女に熱烈な手紙を送ったわけです。

言葉を教える時には単語の一般的な意味だけではなく、言葉の持つイメージや、言葉の持つ価値を教えなければ危険です。

赤い郵便配達車

日本の街で走っている赤い郵便配達車を見ると、いつも消防車を思い出してしまいます。その赤い色が気になります。

中国人は赤が好き。赤は〝红〟〔hóng〕と言います。中国の国旗も〝红〟で、共産党の党旗も〝红〟です。また、日常生活の中でも、〝红〟は縁起のよい色とされ、大変「愛」されています。結婚式や誕生日パーティなどのようなおめでたい場では、メインの色は必ず〝红〟です。また、中国や世界各地にあるおなじみの中華料理屋や中国風の店の色も〝红〟の方が多いのです。とにかく、中国の色と言えば〝红〟だと言っても言い過ぎではないのです。中国人の〝红〟に対するプラス的なイメージをまとめてみれば、次のようです。

①喜び ②成功、順調 ③魔をよけることができ、幸運をもたらす ④人気 ⑤情熱、暖かさ、恋 ⑥革命的（政治的な自覚が高い）

しかし、〝红〟は以上のようなプラス的なイメージを持つだけではなく、「危険」、「戦争」「禁止」、「血」などのようなマイナス的イメージも持つ色です。赤い信号、赤い消防車、そしてガス漏れを知らせたり立ち入り禁止を示す赤いランプなどは〝红〟のもう一つの顔です。ですから、中国ではこのようなマイナスのイメージを持つ〝红〟を郵便配達車の色にしません。中国の郵便のシンボルカラーは緑です（速達用のポストは赤い）。郵便配達者は〝绿衣使者〟〔lǜ yī shǐ zhě〕とも呼ばれています。なぜ緑なのでしょうか。それにはわけがあります。

〝绿〟は広々として果てしない田野、草原、青々とした水と川などを思い出させ、視野に十分の安らぎと安全を与えます。人々は緑の光に最も適応しているようです。若々しい緑は心を落ち着かせ、目を楽しませます。人々に生気が溢れる印象を与え、「平和」、「青春」、「安全」、「繁栄」の象徴とされています。

郵便配達車が運んでいる郵便物は、人の喜び、悲しみ、励み、慈しみ、望み、友情、期待などを抱いているのです。〝烽火連三月、家書抵万金〟（烽火三月連なり、家書万金に抵《あた》る。長い間戦乱が続き、そんな折に家から来た手紙には万金の価値がある）という唐代詩人杜甫の名句は、手紙の〝価値〟を最もよく詠んだものだと思います。ですから、郵便物の配達には安全が第一に求められます。

また、中国人は手紙に独特のイメージを抱いています。昔から手紙の一番の役割は、一つの便りとして、自分のことを心配している相手に安否や生活様子を知らせ、その心配を解消させるために書くものです。ですから、手紙をもらうこと＝安心することです。手紙は安心、ほっとするというイメージを持っています。

さらに、中国では「郵政は人類の思想、感情及び文化の架け橋と象徴され、世界の平和を促進させる役割がある」[1]と言われています。郵便物の持つもう一つのイメージです。

郵便物は以上のような特色・特徴を持っているため、中国郵政省は「平和」「青春」「安全」「繁栄」のイメージを持つ緑を、郵政のシンボルの色にしたわけです。

日本では最初の郵便ポストは黒だったそうです。赤い丸いポストは一九〇一年十月、試験的に使用され、一九〇八年十月全国に広がりました。それ以来、ポストは赤い色と決まったというのです[2]。

日本人のほとんどは目立つことが苦手で、何でも抑える性格を持っているようで、地味な色を好む傾向があります。街を出ると、建物の色、人々の服装の色など、つまり街全体の色は、中国と比べ、白、黒、グレー、茶色が多くて、赤が少ないようです。地味な街に赤いポストの存在は大変目立ちます。おそらく、日本人は「赤」のこのような「目立つ」点を生かしたいと思って、郵便配達車とポストを赤にしたのでしょうか。

しかし、郵便配達車やポストと消防車とが同じ赤色をしているのはとても不思議に思います。赤い郵便ポストに投函する時、いつも妙な感じがします。

中国の緑の郵便ポストがとても懐かしい。

ナレーション：

1、日本はイギリスをまねてポストを赤い色にしたという説もありますが、はっきりした記録がないので、噂話として知っておきましょう。

「日本の郵便ポスト」①google の http:// www.izu.co.jp/ys/ mame/00078.html

②google の http:// www.honya.co.jp/ contents/ khirose/London/9901/990122.html

「ポストはなぜ赤いのか」google の http:// www2.airnet.ne.jp/ novnov/ zatsu/ za21.html

2、郵便ポストの色は決して法律で定められているわけではありません。現に、東大寺の参道入り口に設置されている「青い」郵便ポストは（青いので郵便ポストと気づかない人が多い）、毎日、数万人に見られているというのです。google の http:// www2.ocn.ne.jp/ ~shouron/ contents04.html より

3、中国郵政の色の歴史

漢朝（前二〇六年〜二二〇年）‥手紙を送る人の頭巻と服の袖は赤でした。

唐朝（六一八年〜九〇五年）‥民間伝説の中で、手紙を送るインコは「緑衣使者」と呼ばれていました。

清朝（一六四四年〜一九〇九年）‥税関が試みに郵政を設立した時、郵便配達者の服は黒でしたが、一八八一年より「グレーかブルーのズボン、税関のボタンと同じボタンのついているブルーのシャツ、税関に配られた帽子」が郵政関係の仕事をしている人々の服装だと決められていました。後、清朝政府が国家郵政を設立する時、ポストや郵便車などは黄色と緑に決められていました。

第一大戦後‥郵便社員の服装は濃いブルーに統一されていました。

新しい中国（一九四九年十月一日から現在）‥郵政のシンボル色は緑に決められています。

以上、「中国郵政標志顔色的由来」（第十回中国語コミュニケーション能力試験リーディング問題、二〇〇一年十二月二日）より。

注：
（1）「中国郵政標志顔色的由来」、第十回中国語コミュニケーション能力試験リーディング問題、二〇〇一年十二月二日
（2）〝切手の豆知識・第十五回「ポスト」〟google のhttp://yushu.or.jp/ museum/ mame/ 2015.html

参考テキスト

相原茂『あ、知ってる中国語――常用ファイル50』（東方書店、二〇〇〇年十月）
相原茂『中国語の学び方』（東方書店、一九九九年、十月）
金田一春彦『日本人の言語表現』（講談社現代新書、一九九七年五月）
森田良行『日本語の視点』（講談社、一九九八年九月）
森田良行『日本人の発想・日本語の表現』（中公新書、一九九八年五月）
浜口恵俊『日本らしさ再発見』（講談社学術文庫、一九九八年三月）
辻村敏樹他『敬語の用法』（角川書店、平成三年）
武内義雄注訳『孝経・曾子』（岩波文庫、一九四〇年七月）
大泉志郎他『続・現代死語事典』（朝日ソノラマ、一九九五年十一月）
新村出『東亜語源誌』（岡書院、昭和五年十一月）
内山完造『中国人の生活風景』（東方書店、一九九四年九月）
多田道太郎『身辺の日本文化』（講談社学術文庫）
楊森『中国人的心態』（上海古籍出版社、一九九八年六月）
愛宕元『中国の城郭都市』（中公新書、一九九一年三月）
張競『中華料理の文化史』（ちくま新書、一九九七年九月）
外山滋比古『日本語の個性』（中公新書、一九九三年五月）
彭飛『「ちょっと」はちょっと…』（講談社、一九九四年九月）
『中国美術全集』絵画編18「画像石画像磚」（上海人民美術出版社、一九八八年四月）
『中国文物精華大辞典』（上海辞書出版社、香港商務印書館、一九九六年一月）

あとがき

最後までおつき合いいただき、本当にありがとうございました。

日本に来たばかりの頃、決して順調ではありませんでした。失敗に失敗を重ね、苦労に耐える日々が続いたのです。「もう限界だ」と、何度も思ったことがありました。山を次々乗り越え、今まで歩んでこれたのは、いろいろな方々からの応援のお陰とともに、「感謝の気持ちを持つよう」という父と母の教えも、大変心の支えになっていました。今も、困難や思いよらないことに遭った時、いつもこの言葉を思い出し、乗り越えていきます。

小さい頃に、もっといろいろなことを習わせたら、きっと賢い趙静が世にいたはずと、時々思うけれども、父母の恩に感謝します。

不満に思ったり怖かったりする先生もいたけれども、教えてくださったすべての先生に感謝します。

喧嘩や誤解を起こしたこともあったけれども、身の周りにいるすべての友達に感謝します。

困ったり辛かったりする時もたくさんあったけれども、暖かい応援や親切にしてくださったすべての方々に感謝します。

勉強しなくて、情けなく思ったり怒ったりすることもあったけれども、すべての教え子に感謝します。

うまく学生に説明できない時もあったけれども、たくさん役に立つ本を書いてくださった先生方々に感謝します。

もっと美味しくて違った味のものを食べたいなあと思ったりする時もあったけれども、学食を作ってくださった方々に感謝します。

たまに意見の違いはあるけれども、常にそばで支えてくれるハズバンドに感謝します。

……

私は、晴れの日を感謝します。

私は、雨の日を感謝します。

私は、暖かい日を感謝します。

私は、寒い日を感謝します。

私は、賑やかな日を感謝します。

私は、密やかな日を感謝します。

……

このように感謝の気持ちを持ち、感謝の気持ちを大切にすれば、自分の生きていく世界を優しくかつ美しく感じるのでしょう。

なお、最後になりますが、日本語のチェックをしてくださった中村典子さん、イラストを描いていただいたさくら吹雪さん、ありがとうございました。

二〇〇二年十一月二十一日

趙　静

著　者
趙　静（ちょう・せい、Zhào Jìng）
1967年10月31日生。1992年2月来日。1996年3月大阪教育大学国際文化専攻大学院修了。1996年4月立命館宇治高等学校中国語講師。1999年から立命館大学中国語講師。
著書：くちまんちっく日本（かもがわ出版、1997年）

イラスト
さくら吹雪（さくら・ふぶき）
1968年7月26日、大阪府東大阪市生。主婦業のかたわらイラストを手がける。趙静とのコンビは上記エッセイに続き2作目。他に『グッドバイ・アトピー』（柳原出版、2003年）など。

紅葉《モミジ》の想い——言葉と習慣から見た日本と中国
2003年3月28日　第1刷発行

著　者　趙　静
発行者　柳原喜兵衛
発行所　柳原出版株式会社
〒615－8107　京都市西京区川島北裏町74
Tel 075（381）2319　FAX 075（393）0469
http://www.yanagiharashoten.co.jp
印刷／内外印刷（株）　製本／（有）清水製本所

ISBN4-8409-5013-X